中等职业教育规划教材

体育与健康

主　编　周　涛　刘信明　郑春平
副主编　陈厚波　陈建伟　迟晓东　陈耀儒
编　委　翟云霞　周　密　胡志欣　李文静　李孟宁
　　　　陈贞敏　华毅斌　郑追月　宋炜龙　范亮亮
　　　　吴力浩　李达彬

中国人民大学出版社
·北京·

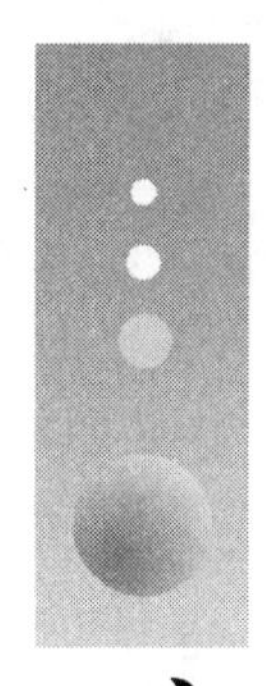

前　言

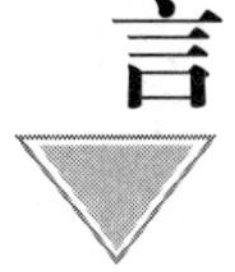

《中共中央、国务院关于深化教育改革全面推进素质教育的决定》指出："健康体魄是青少年为祖国和人民服务的基本前提，是中华民族旺盛生命力的体现。学校教育要树立健康第一的指导思想，切实加强体育工作"。"体育与健康"是中等职业学校学生的一门必修课程，它以身体练习为主要手段，以通过合理的体育教育和科学的锻炼过程，达到增强体质、增进健康和体育素养的目标。

随着我国经济社会的发展，社会竞争日益激烈。面对在校时的学习压力以及走出校门后紧张繁重的工作压力，青少年必须拥有强健的体魄与自我调节心态的能力。为了使学生通过学校的学习，树立终身体育意识，积极主动参加体育活动，制订自我锻炼计划，养成良好的生活习惯，实现增强体质的目标，我们按照中等职业教育新课改的指导思想，根据职业学校的教学特点，编写了本书。

本书包括体育概论、健康教育知识、体育锻炼的基本方法、实用健身、田径运动、球类运动、民族传统体育、体育游戏、体育竞赛与欣赏共九章内容。本书内容的选取符合中等职业学校学生的身心特点和认知规律，通过学习本书有利于提高学生的身体素质、职业技能、生活质量、体育素养，有利于促进学生身心健康。

编者

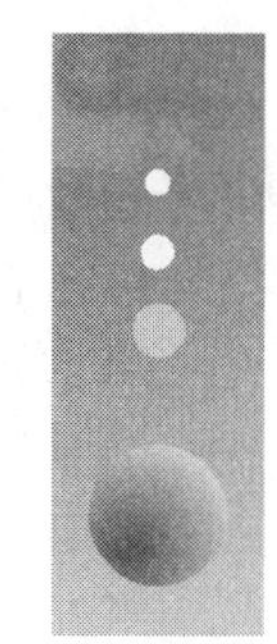

目　录

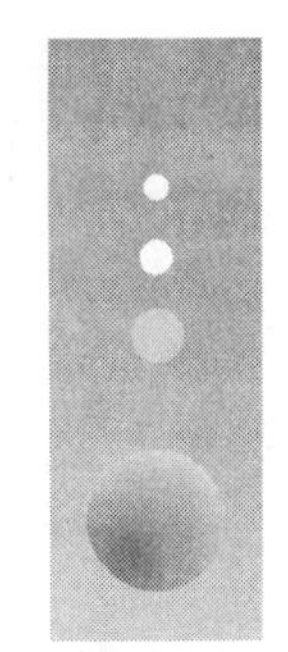

第一章　体育概论

教师寄语

高科技飞速发展的21世纪，人类不仅追求长寿，更注重生活品质。科学化、社会化、娱乐化、终身化的体育活动成为人们提高生活品质的重要途径。人们在紧张的工作和学习之余，参与体育锻炼，不仅成为时尚，也增添了生活的乐趣。

作为中等职业学校的学生，在学习和成长的过程中，常会思考如何面对未来，如何塑造美好、健康的人生等问题。体育作为促进健康的动力源泉，在提高我们的综合素质、增强社会竞争力中起着不可忽视的作用。

第一节　体育的概念

运动箴言

生命就是运动，人的生命就是运动。——列夫·托尔斯泰

一、什么是体育

体育（physical education，简称PE），是一种复杂的社会文化现象，它以身体与智力活动为基本手段，根据人体生长发育、技能形成和机能提高等规律，为了促进全面发育、提高身体素质与全面教育水平、增强体质与提高运动能力、改善生活方式与提高生活质量的一种有意识、有目的、有组织的社会活动。

随着国际交往的扩大，体育事业发展的规模和水平已经是衡量一个国家、社会发展进步的一个重要标志，也成为国家间外交及文化交流的重要手段。体育可分为大众体育、专业体育、学校体育等诸多种类，包括体育文化、体育教育、体育活动、体育竞赛、体育设施、体育组织、体育科学技术等诸多要素。

二、体育的内容

（一）田径运动

田径运动包括跑、跳跃、投掷等运动项目，是学校体育运动的重要内容。长期参加田径运动能促进人体的新陈代谢，改善和提高内脏器官的机能，发展速度、灵敏度、力量和耐力。因此，它是促进身体全面发展的基础运动项目，也是各项体育运动的基础。通过田径锻炼还可以培养学生吃苦耐劳、勇敢顽强、不怕困难的坚强意志和集体主义精神。

（二）体操

体操是体育运动的重要项目之一。它的动作有简有繁，适合不同年龄、不同健康状况的各类人群。体操的内容丰富，范围很广。中学体育教材中有队列队形的操练、徒手操、轻器械操、跳绳、攀爬、负重、角力、支撑跳跃、单杠、双杠等项目。

（三）球类

球类活动是青少年普遍喜爱的一种体育活动。它是综合运用各项基本技能的运动，长期坚持球类活动，如篮球、排球、足球、羽毛球等，对于促进身体的协调发展，提高各项身体素质和基本活动能力都有良好效果。同时，对于培养集体主义精神、自觉遵守纪律、机智果断等品质有很好的作用。

（四）游戏

游戏是青少年喜爱的一种集体体育活动。它具有一定的竞赛因素，思想性强，形式生动活泼，内容丰富，简单易行。因此，小学和中低年级体育教学中常常把游戏配合基本教材使用，全面发展学生的身体素质，提高基本活动技能，对学生进行德育教育，使体育教学更加生动活泼、形式多样，增加学生对体育活动的兴趣，振奋精神。

（五）军事体育活动

军事体育活动包括无线电、航空模型、航海模型、射击、划船、跳伞、驾驶摩托车、投弹、障碍跑等。学生参加军事体育活动，不仅可以增强体质、加强战备观念、锻炼坚强的意志，使他们敢于斗争、追求胜利，而且还有助于掌握科学知识和技能。

（六）游泳

游泳对人体的肌肉、骨骼、内脏器官等的生长发育，以及各种身体素质的发展都有重要作用。游泳技能对于国防和生产都具有直接的现实意义。

（七）武术

武术是我国民族体育运动的重要内容。武术的内容丰富多彩，动作舒展大方、刚劲有力，有各种手法、腿法、身法等，整套动作起伏转折，连续多变。它不受场地、季节、年龄、性别、设备等条件限制，因而在学校易于开展。通过武术教学可以发展学生身体各种素质，提高内脏器官和中枢神经系统的机能，培养学生勇敢顽强、机智果断、坚韧不拔的意志和民族自豪感等品质。

三、体育的功能

（一）健身功能

体育活动可以加快人体的新陈代谢，增强肌肉力量，促进血液循环，提高心肺功能，调节情绪，增进食欲，改善睡眠，提高学习和工作效率，健身益寿。毛泽东在青年时代就曾指出，体育之效，至于强筋骨，因而增知识，因而调感情，因而强意志。这句话精辟地概括了体育的强身健心功能。

（二）教育功能

学生在努力学习专业技术知识的同时，经常参加体育锻炼，提高体育文化素养，可以激励拼搏精神，战胜自我或对手，增强竞争与合作意识，这对培养人的积极向上、勇敢顽强、竞争与合作以及克服各种生理和心理障碍都有着积极的作用。每一个体育项目都不仅是一种技术，还蕴含着深刻的教育意义。

社会体育作为传播体育价值观的载体，通过其活动性、技艺性、竞争性、群聚性、国际性、礼仪性等特点，激发人们的爱国热情，振奋民族精神，培养社会公德，有利于社会交往。

（三）娱乐功能

在社会经济快速发展和物质产品不断丰富的今天，体育为人们提供了健康、理想的业余文化生活方式。人们通过体育活动可以愉悦身心、消除疲劳，充分享受生活的乐趣。如今，休闲体育、娱乐体育十分风靡，羽毛球、网球、游泳、武术、体育舞蹈、保龄球、游泳和高尔夫球等多种项目已成为现代人休闲娱乐的主题，人们从中感受到运动的乐趣，既健身又健心，还陶冶了情操。

（四）医疗和康复功能

人们常因所从事的职业的要求，身体长时间保持固定的姿势而产生各种疲劳状态，所以应按疲劳的部位和性质，采取相应的措施。按照“补偿不足，消除特定疲劳”的原则，选择适宜的健身运动，如身体局部疲劳，可选择放松伸展运动、矫正操、自我按摩等，可以防治一些常见病。

（五）实用功能

体育活动的各种动作形式能充分挖掘人的潜能。人通过体育锻炼、体育比赛所获得的各种身体素质和人体活动能力，都可以运用到实际的工作、生活中来。

第二节　中职学生体育的学习目标

运动箴言

经常体育锻炼不仅能够发展身体的美和动作的和谐，而且能形成人的性格，锻炼意志力。——苏霍姆林斯基青少年时期，正是打好身体基础的“黄金时期”。从人体自身的发展来看，这一时期具有特别重要的意义。如果在这一时期应当得到的锻炼而没有得到，到了成年以后再进行锻炼，虽然也有效果，但时过境迁，由于基础未打好，往往是事倍功半。我们要放眼未来，从现在做起，保证现在旺盛的学习精力，同时为终身体育打好基础。

一、第一学年学习目标

（一）一般运动能力

运动能力是指人参加运动和训练所具备的能力，是人的身体形态、素质、机能、技能和心理能力等因素的综合表现。

第一学年的体育课程在运动能力方面主要以田径、球类项目的基本技术为主，形成一般运动能力。

（二）健康行为

健康行为指人们为了增强体质和维持身心健康而进行的各种活动。

第一学年的体育课程中，学生要了解健康有哪些层次、健康行为是什么、哪些活动可以增强体质和维持身心健康。

（三）体育品德

中国体育运动以增强人民体质，力争在世界体坛赢得荣誉为宗旨。它的基本道德规范是：热爱体育事业，勇攀世界高峰；刻苦训练，钻研技术；不伤对手，公平竞争，尊重裁判；对教练工作认真负责，做好日常训练、临场指挥和赛后总结；裁判执法公正等。

第一学年的体育课程中，学生要了解体育品德是什么、怎样做可以发扬体育品德。

二、第二学年学习目标

（一）专项运动能力

第二学年的体育课程以 1～2 个专项的运动技术为主要内容，完成专项运动技术的学习。

例如：篮球。篮球理论部分：重点介绍篮球运动基本规则和篮球比赛裁判法。篮球课程内容为：（1）掌握基本的篮球技术，包括基本姿势、移动、原地传接球、行进间传接球、原地运球、行进间运球、原地投篮、行进间投篮、持球突破等；（2）在实践中进行合理运用。

（二）健康行为

第二学年的体育课程中，学生要掌握健康有哪些层次、健康行为是什么、哪些活动可以增强体质和维持身心健康。

（三）体育品德

第二学年的体育课程中，学生要掌握体育品德是什么、怎样做可以发扬体育品德。

三、第三学年学习目标

（一）运动能力定型

第三学年以第一、第二学年为基础，对专项运动进行实践运用，以赛代练，使运动能力达到一定水平。

（二）健康行为

第三学年的体育课程中，学生在掌握健康有哪些层次、健康行为是什么、哪些活动可以增强体质和维持身心健康的基础上，可以指导身边同学了解健康行为。

（三）体育品德

第三学年的体育课程中，学生在掌握体育品德是什么、怎样做可以发扬体育品德的基础上，在体育课堂的教学比赛中践行体育品德，同时影响身边同学。

第三节 奥林匹克运动

运动箴言

一个埋头脑力劳动的人，如果不经常活动四肢，那是一件极其痛苦的事情。——列夫·托尔斯泰

一、古代奥林匹克运动会

古代奥林匹克运动会从公元前 776 年起，到公元 394 年止，经历了 1 168 年，共举行了 293 届。有关古代奥运会的起源的传说有很多，最主要的有以下两种：一是古代奥林匹克运动会是为祭祀宙斯而定期举行的体育竞技活动。二是与宙斯的儿子赫拉克勒斯有关。赫拉克勒斯因力大无比获“大力神”的美称。

古奥运会的发展大致分为三个时期：

(1) 公元前 776—前 388 年。公元前 776 年，伯罗奔尼撒的统治者伊菲图斯努力使宗教与体育竞技合为一体，他不仅革新宗教仪式，还组织大规模的体育竞技活动，并决定每 4 年举行一次，时间定在闰年的夏至之后。公元前 776 年的古代奥林匹克运动会正式载入史册，成为第一届古代奥运会。

(2) 公元前 388—前 146 年。由于斯巴达和雅典长期的伯罗奔尼撒战争，希腊国力大减，马其顿逐渐吞并了希腊。马其顿国王菲利普还亲自参加了赛马。亚历山大大帝积极支持体育活动，并视古奥运会为古希腊的最高体育形式，为其增添设施。这一时期开始出现职业运动员。

(3) 公元前 146—394 年，古奥运会由衰落走向毁灭。罗马帝国统治希腊后，仍举行运动会，但奥林匹亚已不是唯一竞赛地了。

古奥运会的比赛项目有：赛跑：短跑、中跑、长跑、武装赛跑；摔跤；五项竞技；拳击；混斗；赛战车；赛马；其他。

二、现代奥林匹克运动

（一）诞生

1893 年，根据“奥运之父”顾拜旦的建议，在巴黎举行了讨论复兴奥运会问题的国际性体育会议。1894 年 1 月，顾拜旦草拟了复兴奥运会的具体步骤和需要探讨的 10 个问题，致函各国体育组织和团体。6 月 16 日，“国际体育运动代表大会”在巴黎索邦神学院开幕，到会代表 79 人，代表 12 个国家的 49 个体育组织。大会通过了复兴奥林匹克运动的决议。6 月 23 日成立了国际奥林匹克委员会。国际奥林匹克委员会的成立，标志着奥林匹克运动的诞生。

（二）发展历史

奥林匹克运动自 1894 年国际奥委会成立至今，已有一个多世纪的历程。其发展可分为四个阶段：

（1）奥林匹克运动的初创时期（1894—1914 年）。

（2）奥林匹克运动的形成时期（1914—1939 年）。

（3）奥林匹克运动的发展时期（1946—1980 年）。

（4）奥林匹克运动的改革时期（1980 年至今）。

（三）奥运会比赛项目

夏季奥运会：田径、篮球、足球、摔跤、柔道、举重、射击、射箭、击剑、赛艇、马术、拳击、手球、网球、棒球、垒球、跆拳道、羽毛球、皮划艇、乒乓球、曲棍球、自行车、帆船、帆板、体操（含艺术体操）、排球（含沙滩排球）、游泳（含跳水、水球、花样游泳）、铁人三项、现代五项。

冬季奥运会：速度滑冰、短跑道速度滑冰、高山滑雪、自由式滑雪、越野滑雪、北欧两项、跳台滑雪、现代冬季两项、雪橇、雪车、花样滑冰、冰壶、冰球、滑板滑雪。

三、中国与奥林匹克运动会

（一）第一次参加奥林匹克运动会

1932 洛杉矶奥运会，是中国首次参加奥运会，当时代表团只有 6 人，运动员仅有刘长春 1 人。

（二）首次正式组团

1936 年柏林奥运会，中国首次正式组团参加奥运会。总共有 69 名运动员参赛，其中女运动员 2 名，参加了田径（23 人）、拳击（4 人）、举重（3 人）、游泳（2 人）、自行车（1 人）、足球（22 人）及篮球（14 人）7 种运动的比赛。

（三）中华人民共和国第一次参加奥林匹克运动会

1984 年，美国洛杉矶第 23 届奥运会是中华人民共和国第一次参加的奥运会。

第四节　亚运会及中国全运会

运动箴言

身体的健康因静止不动而破坏，因运动练习而长久保持。

一、亚运会简介

亚洲运动会简称亚运会，是亚洲规模最大的综合性运动会，由亚洲奥林匹克理事会的成员国轮流主办，每四年举办一届，与奥林匹克运动会相间举行，分为亚洲夏季运动会（亚运会）、亚洲冬季运动会（亚冬会）、亚洲青年运动会（亚青会）、亚洲残疾人运动会（亚残会）。

自 1951 年开始第一届，截至 2018 年共举办了 18 届。参赛国主要分布在东亚、东南亚、南亚、西亚、中亚，包括中国、日本、韩国、泰国、菲律宾、印度尼西亚、印度、巴基斯坦等国。

二、全运会简介

中华人民共和国全国运动会简称全运会，是中国国内水平最高、规模最大的综合性运动会。全运会的比赛项目除武术外基本与奥运会相同，意在为国家的奥运战略锻炼新人、选拔人才。全运会每四年举办一次，一般在奥运会结束后一年举行。

首届全运会于 1959 年 9 月 13 日—10 月 3 日在北京市举行。前九届全运会由北京、上海、广东三地轮流举办。2000 年 12 月 2 日，国务院办公厅正式发布了《关于取消全国运动会由北京、上海、广东轮流举办限制的函》，取消了由北京、上海和广东三地轮办全运会的限制。

全运会之外的全国综合性运动会有：全国冬季运动会、全国青年运动会、全国农民运动会、全国少数民族传统体育运动会、全国残疾人运动会、全国学生运动会。

实践与探究

1. 体育的概念是什么？
2. 结合体育包含的内容，谈谈自己最喜欢的体育项目，并说明原因。
3. 高中三年体育课程中你最期待能学到些什么？

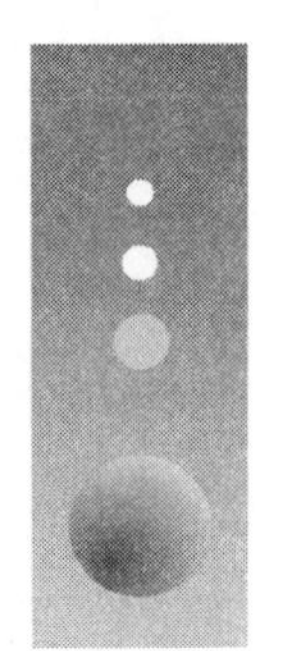

第二章　健康教育知识

教师寄语

当你在学习中感到精神压力过重，生活中感到有不顺心的事情时，大可不必陷入难以自拔的境地，建议你打一场球、出一身汗，或游游泳、爬爬山……从事适当的体育锻炼，真的可以帮助你忘记烦恼。如果你的身体状况良好，运动强度可以稍大一些，让自己有适度的疲劳感，这样更有助于获得减压效果；身体状况欠佳时，则应适度控制运动负荷。

第一节　健康的含义

运动箴言

如果你没有时间锻炼，你只能留出很多时间来生病。

一、健康的概念

有人将健康视为金子，镀亮生命的岁月年华；有人将健康视为智慧的前提、快乐的基础；更有人将健康比作为 1，而事业、爱情、家庭幸福及财富都是 1 后边的 0，只要拥有健康，其组合便可能是 10，100，1 000，10 000……然而，一旦失去健康，那么一切就只剩下了 0。上述比喻都强调了健康的重要性，那么健康究竟是什么呢？

长久以来，人们朴素地认为，健康就是“没病”。1948 年，世界卫生组织（WHO）指出，健康不仅仅指没有疾病，而是指身体上、心理上和社会上的完好状态或完全安宁。这使人们认识到健康不仅仅具有生物学特征，还应包括社会学内容。1989 年，世界卫生组织又进一步将健康定义为：健康不仅仅是躯体没有疾病，而且还指心理健康、社会适应性良好和道德健康，只有具备了上述四个良好状态，才是一个完全健康的人。这是目前广受世界各地人们推崇的、最具权威性的健康的定义，同时也成为现代社会每一个人努力追求的目标。

二、健康的内容

健康的内容包括身体健康、心理健康、良好的社会适应能力和道德健康。

（一）身体健康

身体健康是指具有强壮的体力和体魄，主要包括生理功能状态良好，没有疾病并能抵御各种疾病的侵袭，身体发育匀称，体重标准，能适应自然环境的变化。

（二）心理健康

心理健康是指在心理上能够控制自己，能够正确地对待外界的客观影响，并使心理处于平衡状态。对于中职学生来说，常常表现为能够应付繁重的学习任务，言行一致，表里如一，有完整的人格，能够调节自己的行为，克服各种困难；能够调节疲倦、抑郁、沮丧、孤独等消极情绪；能够经受各种精神打击，达到心理平衡；情绪基本上处于稳定的状态，心境平和。

（三）良好的社会适应能力

良好的社会适应能力是指能够建立良好的人际关系，有适应各种复杂环境及其变化的能力。对中职学生来说，常表现为尊重自己和尊重他人，言行举止符合中职学生的年龄特征，能够适应社会上可能出现的问题，具有辨别是非的能力，遇事能冷静思考，能够乐观地生活。

（四）道德健康

道德健康是指能够做到不损人利己，接受社会公认的行为准则，并以此来约束自己的言行；具有为他人的健康和幸福做出奉献的思想与行为；具有辨别善恶、美丑、荣辱、是非的能力。

专家提示

教育家呼吁要建立一个旨在“学会生存”且不断演进的知识体系，即通过全面的终身教育来培养日趋完善的人。心理学家更具体地指出，这种“完善”应包括语言、数学、逻辑、音乐、绘画、社交、体能、合作八大部分内容。

三、亚健康

（一）亚健康的概念

亚健康是指人体处于健康与疾病之间的一种状态。

（二）临床表现

躯体方面可表现为疲乏无力、肌肉及关节酸痛、头昏头痛、心悸胸闷、睡眠紊乱、食欲不振、腹部不适、便溏便秘、性功能减退、怕冷怕热、易于感冒、眼部干涩等；心理方面可表现为情绪低落、心烦意乱、焦躁不安、急躁易怒、恐惧胆怯、记忆力下降、注意力不能集中、精力不足、反应迟钝等；社会交往方面可表现为不能较好地承担相应的社会角色，工作、学习困难，不能正常处理人际关系、家庭关系，难以进行正常的社会交往等。

（三）形成的原因

1. 饮食失调

当机体摄入热量过多或营养贫乏时，都可导致机体失调。过量吸烟、酗酒、长期吃垃圾食品等不良饮食习惯，都会引起亚健康状态的出现。

2. 睡眠不足

起居无规律、作息不正常已经成为常见现象。青少年常常由于熬夜打游戏、上网，以及备考开夜车等造成生物钟紊乱，睡眠不足；而成人有时候也会因为娱乐、加班而影响到休息。

3. 心理压力大

心理健康会影响到生理健康已经成为大家的共识。大量资料研究表明，长期的精神紧张和压力能引发急慢性应激反应，直接损害心脑血管系统和消化系统，导致相关疾病。同时引发认知功能下降；破坏人体生物钟，影响睡眠质量；免疫功能下降，使恶性肿瘤和感染机会增加。

4. 环境污染

水源和空气污染、噪声及其他化学、物理因素污染，是防不胜防的健康隐形杀手。

（四）危害

亚健康会对人体造成一定的危害，比如最常见的影响工作效率、影响生活质量等。还有大多数的慢性疾病，比如心脑血管病、高血压、糖尿病等，都是从亚健康开始的。还会引发精神方面异常，比如情绪抑郁、低落、焦虑，导致疲劳等。长期的亚健康会引起机体出现恶性循环，加速人体的衰老。

（五）预防措施

1. 饮食有度

暴饮暴食能引起肥胖、肠胃疾病等，是身体亚健康一个比较重要的起因。应拒绝暴饮暴食，规律饮食，保持肠胃各机能正常运转，营养均衡。

2. 合理安排工作

要善于把工作切块，善于把握时间，然后排序，并逐个完成，做到时间安排合理，今日事今日毕。这样不仅能提升效率，减轻心理压力，而且能增加成就感。

3. 均衡营养

没有任何一种食物能全面包含人体所需的营养，因此应保持合理膳食、摄入均衡的营养，多吃粗粮、蔬菜、水果。

4. 保障睡眠

睡眠和每个人的身体健康密切相关。专家建议，每天应保证 7～8 小时睡眠时间。现今因工作或娱乐造成的睡眠不足已成为影响健康最主要的因素，值得引起高度警觉。尤其是青少年必须保障足够的睡眠。

5. 善待压力

压力和不良情绪会使人的身体紧张和疲劳，因此要学会放松，让自己从紧张情绪中解脱出来。要确立切实可行的目标，切忌由于自我的期望值过高而导致心理压力。人在社会上生存，难免有很多烦恼和挫折，必须学会应付各种挑战，通过心理调节维持心理平衡。

6. 培养兴趣

兴趣爱好可以给你的生活增加情趣，使生活更加充实、丰富多彩。健康有益的兴趣爱好活动不仅可以修身养性、陶冶情操，而且能够辅助治疗一些心理疾病，防治亚健康。

7. 户外活动

现代人久居室内，出门坐汽车，远离阳光和新鲜空气，经常处于萎靡不振、忧郁烦闷状态。因此，可每周抽出一定时间，远离喧嚣的城市，到郊外享受阳光和新鲜空气，对调节心身健康大为有益。

第二节　影响健康的因素

运动箴言

生命在于运动。——伏尔泰

一、环境因素

人体与自然环境和社会环境相统一，环境因素与人类健康问题不可分割。

（一）自然环境

保持自然环境与人类的和谐，对维护、促进健康有着十分重要的意义。若破坏了人与自然的和谐，人类社会就会遭到大自然的报复。

（二）社会环境

社会环境包括社会制度、法律、经济、文化等，社会制度确定了与健康相关的政策、法律、法规等。

二、生理因素

影响健康的生理因素主要是遗传因素。据调查，目前全国出生缺陷总发生率约为5.6%。遗传因素还与高血压、糖尿病、肿瘤等疾病的发生有关。

三、心理因素

心理因素与疾病的产生、防治有密切关系，消极心理因素能引起许多疾病，积极的心理状态是保持和增进健康的必要条件。医学临床实践和科学研究证明，消极情绪如焦虑、怨恨、悲伤、恐惧、愤怒等会使人体各系统机能失调，导致失眠、心律失常、血压升高、食欲减退、内分泌失调等问题。总之，心理状态是社会环境与生活环境的反映，是影响健康的重要因素。

四、生活方式因素

不良生活方式会导致慢性非传染性疾病的发生。据美国有关部门调查研究，有效地规避不良生活方式（不合理饮食、缺乏体育锻炼、吸烟、酗酒和滥用药物等），能减少 40%～70%的猝死、1/3 的急性疾病、2/3 的慢性疾病。

第三节　体育促进健康

运动箴言

静止便是死亡，只有运动才能敲开永生的大门。

体育作为一种社会现象，是人类文化的组成部分。体育既是教育的一环，又是生活的一环，对人的身心发展起着重要作用。

一、体育对机体健康的作用

（一）促进人脑清醒、思维敏捷

体育活动能促使中枢神经系统的兴奋度增强，从而改善神经过程的均衡性和灵活性，提高大脑运转效率。

（二）促进血液循环，提高心脏功能

进行体育活动可以加速血液循环，以适应肌肉活动的需要，这样就能改善心血管系统。经常从事运动，能使心脏强健，收缩有力，泵出血容量增加，减轻心脏的负担，表现出心脏工作的“节省化”现象。

（三）改善呼吸系统功能

肺是呼吸系统的重要器官，具有气体交换的功能，经常运动能使呼吸肌发达，呼吸慢而深，每次吸进氧气较多。运动可使人体更多肺泡参与工作，使肺泡富有弹性，增加肺活量。

（四）促进骨骼肌肉的生长发育

适当的体育活动能为骨骼和肌肉提供足够的营养物质，促进肌纤维变粗，使肌肉组织有力，促进骨骼生长，骨密质增厚，提高抗弯、抗压、抗折能力。

二、体育对心理健康的作用

（一）调节心理，使人朝气蓬勃，充满活力

从事体育活动，特别是从事那些自己感兴趣的运动项目，能使人产生一种非常美妙的情感体验，心情舒畅，精神愉快。运动的激励还可以增强自尊心、自信心和自豪感，增添生活情趣。运动还能调整人们某些不健康心理和不良情绪，如消除沮丧和消沉的情绪。

（二）体育锻炼为心理健康发展提供坚实的物质基础

人的心理是人脑的活动。心理健康发展，必须以正常健康的身体，尤其是以正常健康发展的神经系统和大脑为物质基础。体育锻炼能促使学生身体正常、健康地发展，为心理发展提供坚实的物质基础。这是心理发展的重要条件。

（三）体育锻炼是心理发展的一种动力

体育运动与日常的身体运动相比，无论内容和形式都不尽相同，所以需要的心理水平也不同。例如，短跑要求较短的反应潜伏期、良好的运动距离知觉和运动速度知觉；篮球比赛中的带球上篮，由于要了解队员位置，要求有较大的注意范围，既要带球前进，又要防止对方拦劫，需要善于分配注意力。几乎所有运动项目都要求运动员有勇敢、坚持、自制、不怕困难等良好的意志品质和乐观、友爱、愉快等多样的感情。在学生为了不断提高自己的运动水平或战胜对手而进行的运动活动中，心理水平便慢慢提高。也就是说，体育运动的新需要与原有心理水平的矛盾，推动了心理的发展。

（四）体育锻炼能推动自我意识的发展

体育运动有助于学生认识自我。体育运动大多是集体性、竞争性的活动，学生能力的高低、修养的好坏、魅力的大小，都会明显地表现出来，使学生对自我有一个比较符合实际的认识。体育运动还有助于自我教育。学生在比较正确地认识自我的基础上，便会自觉地修正自己的认识和行为，培养和提高社会所需要的心理品质和各种能力，使学生成为更符合社会需要、更能适应社会的人。

（五）体育锻炼能培养良好的意志品质

体育一般都具有艰苦、疲劳、激烈、紧张、对抗以及竞争性强的特点。学生在参加体育锻炼时，总是伴随着强烈的情绪体验和明显的意志努力。因此、通过体育运动，有助于培养学生勇敢顽强、吃苦耐劳、坚持不懈、克服困难的思想作风，有助于培养团结友爱、集体主义和爱国主义精神，有助于培养机智灵活、沉着果断、谦虚谨慎等意志品质，使学生保持积极健康向上的心理状态。

积极参加体育课和各种课外文娱活动，有利于学生的身体健康，为健康的心理提供稳固的物质基础。对学生的身心发展能起到积极作用。体育运动能促进身体形态的发育，改善人体机能，提高运动能力，并对提高学生的认识水平，培养良好的情绪和意志品质，形成优良的性格特征起到积极作用。

三、体育对社会适应的作用

（一）体育活动有助于人际交往

体育锻炼能增加人与人接触和交往的机会。通过参与体育活动，可以暂时忘却烦恼和痛苦，消除孤独感，并逐渐形成与人交往的意识和习惯。

（二）体育活动有助于培养合作精神

合作是建立在团体成员对团体目标的认识相同的基础上。在合作的社会情景中，个人所得有助于团体所得。合作的优越性体现在个人与他人一起工作时所获得的社会效益，如增加交流、相互信任等。

（三）体育锻炼有助于形成竞争意识

竞争指为了自己的利益和需要而同他人争胜的行为，与合作相对立。在竞争的社会情景中，一方的得益会引起另一方利益的损失，而且个人对个体目标的追求程度高于对集体目标的追求程度。一般而言，在独立性的任务中，竞争有优越性，因为在这样的任务中，对成员间相互协作的要求不是很高，个体的活动目标不是击败他人，而是指向任务的成功。

四、体育对意志品质和道德规范的作用

体育锻炼的过程，时刻伴随着意志的磨炼。要使自身健康、强壮，就要学习和掌握各项运动技术，还要进行枯燥的练习，这既是体育锻炼特点之一，也是使身体机能提高、磨炼意志的重要过程，意志的磨炼来源于对体育锻炼的坚定信念。要树立练就一副钢筋铁骨，为将来从事社会主义建设事业而自觉锻炼的坚定信念。把体育锻炼过程作为有意识培养自己坚强意志品质的过程，逐渐使自己成为意志坚强、勇往直前、百折不挠的人。

（一）提高认识，发展情感，加强实际锻炼

意志的磨炼是靠实践锻炼形成的，在提高认识基础上，在责任感、荣誉感、义务感、道德感 、理智感和审美感等情感激励下，刻苦地付诸意志行动能培养意志品质。

（二）根据不同运动项目的学习，有意识地培养意志品质

参加球类比赛项目，要自觉地克服急躁冒失或轻率从事，锻炼自己面对复杂情况沉着应战、耐心、细心等品质；器械体操等项目的学习，要自觉克服胆小害怕、优柔寡断的不良心理状态，主动磨炼自己果断、勇敢的优良品质。各种运动项目对意志品质的影响都有独特的作用，应根据运动项目的特点，在实践中自觉地磨炼意志。

（三）在实践中不断提高意志努力水平

短跑、跳远等运动项目，需要采取迅速、有力的行动，这就要靠意志坚强，努力克服萎靡不振和松懈无力的行动；对于需要高度集中的注意力的运动项目，就要努力克服来自内部和外部的干扰，与注意力分散做斗争；一些带有一定危险性和技术性难度较大的运动项目，要努力克服胆怯、困惑、慌乱、恐惧等消极情绪；而那些耐力运动项目则需要坚强的意志，克服肌肉酸痛、乏力引起的厌倦和难受的情绪。

第四节　体质健康评价与测试

运动箴言

运动是健康的源泉，也是长寿的秘诀。

一、体质健康评价概述

为建立健全国家学生体质健康监测评价机制，激励学生积极参加身体锻炼，教育部、国家体育总局印发《学生体质健康标准（试行方案）》（以下简称《标准》），要求各学校每学年开展覆盖本校各年级学生的《标准》测试工作，并根据学生学年总分评定等级。只有达到良好及以上的学生，方可参加评优与评奖。

二、《标准》的相关规定

《标准》适用于全日制小学、初级中学、普通高中、中等职业学校和普通高等学校的在校学生。《标准》是国家学校教育工作的基础性指导文件和教育质量基本标准，是评价学生综合素质、评估学校工作和衡量各地教育发展的重要依据。

《标准》坚持健康第一，落实《国家中长期教育改革和发展规划纲要（2010—2020年）》、《国务院办公厅转发教育部等部门关于进一步加强学校体育工作若干意见的通知》（国办发〔2012〕53号）和《教育部关于印发〈学生体质健康监测评价办法〉等三个文件的通知》（教体艺〔2014〕3号）有关要求，着重提高《标准》应用的信度、效度和区分度，着重强化其教育激励、反馈调整和引导锻炼的功能，着重提高其教育监测和绩效评价的支撑能力。

《标准》从身体形态、身体机能和身体素质等方面综合评定学生的体质健康水平，是促进学生体质健康发展、激励学生积极进行身体锻炼的教育手段，是国家学生发展核心素养体系和学业质量标准的重要组成部分，是学生体质健康的个体评价标准。

《标准》将适用对象划分为以下组别：小学、初中、高中，按每个年级为一组，其中小学为6组、初中为3组、高中为3组。大学一、二年级为一组，三、四年级为一组。小学、初中、高中、大学各组别的测试指标均为必测指标。其中，身体形态类中的身高、体重，身体机能类中的肺活量，以及身体素质类中的50米跑、坐位体前屈为各年级学生的共性指标。

《标准》的学年总分由标准分与附加分之和构成，满分为120分。标准分由各单项指标得分与权重乘积之和组成，满分为100分。附加分根据实测成绩确定，即对成绩超过100分的加分指标进行加分，满分为20分；小学的加分指标为1分钟跳绳，加分幅度为20分；初中、高中和大学的加分指标为男生引体向上和1 000米跑，女生1分钟仰卧起坐和800米跑，各指标加分幅度均为10分。根据学生学年总分评定等级：90.0分及以上为优秀，80.0～89.9分为良好，60.0～79.9分为及格，59.9分及以下为不及格。每个学生每学年评定一次，记入“《标准》登记卡”。特殊学制的学校，在填写登记卡时可以按规定和需求相应地增减栏目。学生毕业时的成绩和等级，按毕业当年学年总分的50%与其他学年总分平均得分的50%之和进行评定。学生测试成绩评定达到良好及以上者，方可参加评优与评奖；成绩达到优秀者，方可获体育奖学分。测试成绩评定不及格者，在本学年度准予补测一次，补测仍不及格，则学年成绩评定为不及格。普通高中、中等职业学校和普通高等学校学生毕业时，《标准》测试的成绩达不到 50 分者按结业或肄业处理。

学生因病或残疾可向学校提交暂缓或免予执行《标准》的申请，经医疗单位证明，体育教学部门核准，可暂缓或免予执行《标准》，并填写“免予执行《标准》申请表”，存入学生档案。确实丧失运动能力、被免予执行《标准》的残疾学生，仍可参加评优与评奖，毕业时《标准》成绩需注明免测。

各学校每学年开展覆盖本校各年级学生的《标准》测试工作，《标准》测试数据经当地教育行政部门按要求审核后，通过“中国学生体质健康网”上传至“国家学生体质健康标准数据管理系统”。测试和数据上传时间由教育行政部门确定。

三、测试方法

（一）身高

1. 测试目的

测试学生身高，与体重测试相配合，评定学生的身体匀称度，评价学生生长发育的水平及营养状况。

2. 场地器材

身高测量计。使用前应校对 0 点，以钢尺测量基准板平面至立柱前面红色刻线的高度是否为 10.0 厘米，误差不得大于 0.1 厘米。同时应检查立柱是否垂直、连接处是否紧密、有无晃动、零件有无松脱等情况并及时加以纠正。

3. 测试方法

受试者赤足，立正姿势站在身高计的底板上（上肢自然下垂，足跟并拢，足尖分开成 60 度角）。足跟、骶骨部及两肩胛区与立柱相接触，躯干自然挺直，头部正直，耳屏上缘与眼眶下缘呈水平位。测试人员站在受试者右侧，将水平压板轻轻沿立柱下滑，轻压于受试者头顶。测试人员读数时双眼应与压板水平面等高进行读数，记录员复述后进行记录。以厘米为单位，精确到小数点后一位。测试误差不得超过 0.5 厘米。

4. 注意事项

（1）身高计应选择平坦靠墙的地方放置，立柱的刻度尺应面向光源。

（2）严格掌握“三点靠立柱”“两点呈水平”的测量姿势要求，测试人员读数时两眼一定要与压板等高，两眼高于压板时要下蹲，低于压板时应垫高。

（3）水平压板与头部接触时，松紧要适度，头发蓬松者要压实，头顶的发辫、发结要放开，饰物要取下。

（4）读数完毕，立即将水平压板轻轻推向安全高度，以防碰坏。

（5）测量身高前，受试者应避免进行剧烈体育活动和体力劳动。

（二）体重

1. 测试目的

测试学生的体重，与身高测试相配合，评定学生的身体匀称度，评价学生生长发育的水平及营养状况。

2. 场地器材

杠杆秤或电子体重计。使用前需检验其准确度和灵敏度。准确度要求误差不超过0.1%，即每百千克误差小于0.1千克。检验方法是：以备用的10千克、20千克、30千克标准砝码（或用等重标定重物代替）分别进行称量，检查指标读数与标准砝码误差是否在允许范围。灵敏度的检验方法是：置100克重砝码，观察刻度尺变化，如果刻度抬高了3毫米或游标向远移动0.1千克而刻度尺维持水平位时，则达到要求。

3. 测试方法

测试时，应将秤放在平坦地面上，调整0点至刻度尺水平位。受试者赤足，男性受试者身着短裤；女性受试者身着短裤、短袖衫，站在秤台中央。测试人员放置适当砝码并移动游标至刻度尺平衡。读数以千克为单位，精确到小数点后一位。记录员复诵后将读数记录。测试误差不超过0.1千克。

4. 注意事项

（1）测量体重前受试者不得进行剧烈体育活动或体力劳动。

（2）受试者站在秤台中央，上下杠杆秤动作要轻。

（3）每次使用杠杆秤时均需校正。测试人员每次读数前都应校对砝码标重以避免差错。

（三）肺活量

1. 测试目的

测试学生的肺通气功能。

2. 场地器材

电子肺活量计。

3. 测试方法

房间通风良好；使用干燥的一次性口嘴（非一次性口嘴，则每换一次测试对象需消毒一次，将口嘴倒出唾液，消毒后必须使其干燥）。肺活量计主机放置在平稳桌面上，检查电源线及接口是否牢固，按工作键液晶屏显示“0”即表示机器进入工作状态，预热5分钟后测试为佳。

首先告知受试者不必紧张，并且要尽全力，以中等速度和力度吹气效果最好。令被测试者面对仪器站立、手持吹气口嘴，面对肺活量计站立试吹1～2次，首先看仪表有无反应，还要试口嘴或鼻处是否漏气，调整口嘴和用鼻夹（或自己捏鼻孔）；学会深吸气（避免耸肩提气，应该慢吸气）。受试者进行一两次较平日深一些的呼吸动作后，更深地吸一口气，屏住气向口嘴处慢慢呼出至不能再呼为止，防止此时从口嘴处吸气，测试中不得中途二次吸气。吹气完毕后，液晶屏上最终显示的数字即为肺活量毫升值。每位受试者测三次，每次间隔15秒，记录3次数值，选取最大值作为测试结果。以毫升为单位，不保留小数。

4. 注意事项

（1）保持电子肺活量计的计量部位的通畅和干燥是仪器准确的关键，吹气筒的导管必须在上方，以免口水或杂物堵住气道。

（2）每测试10人及测试完毕后用干棉球及时清理和擦干气筒内部。严禁用水、酒精等任何液体冲洗气筒内部。

（3）导气管存放时不能弯折。

（4）定期校对仪器。

（四）50 米跑

1. 测试目的

测试学生速度、灵敏素质及神经系统的发展水平。

2. 场地器材

50 米直线跑道若干条，地面平坦，地质不限，跑道线要清楚。发令旗一面，口哨一个，秒表若干块（一道一表）。秒表使用前，应用标准秒表校正，每分钟误差不得超过 0.2 秒。标准秒表选定，以北京时间为准，每小时误差不超过 0.3 秒。

3. 测试方法

受试者至少两人一组测试。站立起跑，受试者听到“跑”的口令后开始起跑。发令员在发出口令同时要摆动发令旗。计时员视旗动开表计时，受试者躯干部到达终点线的垂直面停表。以秒为单位记录测试成绩，精确到小数点后一位，小数点后第二位数按非零进 1 原则进位，如 10.11 秒读成 10.2 秒记录之。

4. 注意事项

（1）受试者最好穿运动鞋或平底布鞋，不得穿钉鞋、皮鞋、塑料凉鞋。

（2）发现有抢跑者，要当即召回重跑。

（3）如遇风时一律顺风跑。

（五）立定跳远

1. 测试目的

测试学生下肢爆发力及身体协调能力的发展水平。

2. 场地器材

沙坑、丈量尺。沙面应与地面平齐，如无沙坑，可在土质松软的平地上进行。起跳线至沙坑近端不得少于 30 厘米。起跳地面要平坦，不得有坑凹。

3. 测试方法

受试者两脚自然分开站立，站在起跳线后，脚尖不得踩线（最好用线绳做起跳线）。两脚原地同时起跳，不得有垫步或连跳动作。丈量起跳线后缘至最近着地点后缘的垂直距离。每人试跳三次，取最好成绩。以厘米为单位，不计小数。

4. 注意事项

（1）发现犯规时，此次成绩无效。三次试跳均无成绩者，应允许再跳，直至取得成绩为止。

（2）不得穿钉鞋、皮鞋、塑料凉鞋参加测试。

（六）引体向上

1. 测试目的

测试学生的上肢肌肉力量的发展水平。

2. 场地器材

高单杠或高横杠，杠粗以手能握住为准。

3. 测试方法

受试者跳起双手正握杠，两手与肩同宽成直臂悬垂。静止后，两臂同时用力引体（身体不能有附加动作），上拉到下颌超过横杠上缘为完成一次。记录引体次数。

4．注意事项

（1）受试者应双手正握单杠，待身体静止后开始测试。

（2）引体向上时，身体不得做大的摆动，也不得借助其他附加动作撑起。

（3）两次引体向上的间隔时间超过 10 秒则停止测试。

（七）坐位体前屈

1．测试目的

测量学生在静止状态下的躯干、腰、髋等关节可能达到的活动幅度，主要反映这些部位的关节、韧带、肌肉的伸展性和弹性，以及学生身体柔韧素质的发展水平。

2．场地器材

坐位体前屈测试计。

3．测试方法

受试者两腿伸直，两脚平蹬测试纵板坐在平地上，两脚分开 10～15 厘米，上体前屈，两臂伸直前，用两手中指尖逐渐向前推动游标，直到不能前推为止。测试计的脚蹬纵板内沿平面为 0 点，向内为负值，向前为正值。记录以厘米为单位，保留一位小数。测试两次，取最好成绩。

4．注意事项

（1）身体前屈，两臂向前推游标时两腿不能弯曲。

（2）受试者应匀速向前推动游标，不得突然发力。

（八）仰卧起坐

1．测试目的

测试学生的腹肌耐力。

2．场地器材

垫子（或代用品）若干块，铺放平坦。

3．测试方法

受试者仰卧于垫上，两腿稍分开，屈膝呈 90 度角左右，两手指交叉贴于脑后。另一同伴压住其踝关节，以固定下肢。受试者坐起时两肘触及或超过双膝为完成一次。仰卧时两肩胛必须触垫。测试人员发出“开始”口令的同时开表计时，记录 1 分钟内完成次数。1 分钟到时，受试者虽已坐起但肘关节未达到双膝者不计该次数，精确到个位。

4．注意事项

（1）如发现受试者借用肘部撑垫或臀部起落的力量起坐时，该次不计数。

（2）测试过程中，测试人员应向受试者报数。

（3）受试者双脚必须放于垫上。

（九）800/1 000 米跑

1．测试目的

测试学生的耐力。

2．场地器材

秒表。

3. 测试方法

受试者站于 800/1 000 米起跑线位置，测试人员发出口令“预备——跑”，同时按下秒表。完成 800/1 000 米需过终点线，每过一位受试者，测试人员即进行一次记录。

4. 注意事项

（1）未完成规定米数的不计时。

（2）测试过程中，测试人员应向受试者报完成圈数。

专家提示

运动会使人感觉快乐

在你从事一些有氧运动后，大脑会产生一种为β-内啡肽的物质，这种物质会使人感受到快乐情绪，并增强人体内脏功能及免疫功能，有增进身心健康的作用。

实践与探究

1. 简述健康的概念。
2. 体育对心理健康有什么作用？
3. 《学生体质健康标准》中规定的测试方法是什么？

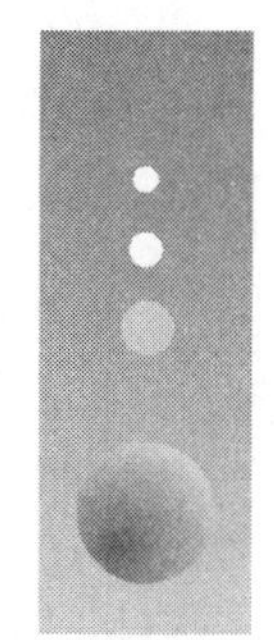

第三章　体育锻炼的基本方法

教师寄语

体育锻炼是运用各种体育手段，结合自然力和卫生措施，以发展身体、增进健康、增强体质、娱乐身心为目的的身体活动过程。它是群众性体育活动的主要形式，对促进人体生长发育、培养健美体态、提高机体工作能力、消除疲劳、调节情绪、防治疾病、益寿延年乃至提高和改善整个民族体质，都有重要作用。

体育锻炼过程中必须遵守的基本行为准则和要求，是人们在长期的体育锻炼实践中积累的各种经验与概括，也是体育锻炼活动基本规律的反映。

体育锻炼方法多种多样，除教学和训练中常用的练习法外，人们还在长期锻炼实践中形成了不拘一格的各种健身法。锻炼内容和方法的确定及整个锻炼过程，都应遵循身体锻炼的原则，即有针对性，因人制宜，循序渐进，持之以恒，适宜的负荷和注意锻炼价值等。

第一节　体育锻炼的基本原理

运动箴言

运动是一切生命的源泉。——达·芬奇

体育锻炼对身体的益处已经渐渐被人们认识，通过体育锻炼缓解一天劳动疲劳的办法也渐渐被人们运用到生活中。不了解体育锻炼的基本原理，进行错误的体育锻炼会适得其反，这也是很多人在体育锻炼初期伤病不断的根本原因。

一、刺激与适应性

通常来说，能为人体感觉并引起身体各组织发生反应的内外环境的各种要素统称为刺激。体育锻炼就是通过运动的手段，对身体的肌肉、骨骼和各个相关系统等进行刺激的过程。

适应是身体内外环境不断取得平衡的过程。在正常情况下，人体各器官系统的活动相互制约和相互协调，处在一种相对平衡的状态。这种相对平衡是人体生命存在和有机体机能正常活动的必要条件。当外界环境发生变化时，身体内环境的相对平衡被破坏，体内各种功能不得不重新进行调整，以维持机体内外环境的相对平衡，这就是适应过程。这种适应性就是体育训练理论中的根本依据，通过体育锻炼的不断刺激与人体的不断适应相配合，达到提升身体机能的目的。

适应是生物活动的基本规律之一，在体育锻炼中，引起适应过程的外界环境变化包括施加运动负荷、改变训练内容和变换训练环境与条件等。

在体育锻炼中，主要是采用施加运动负荷等方法，有意识地打破机体内环境的相对平衡，使之发生向较高机能水平的转化，从而在施加的运动负荷相适应的水平上重新获得相对平衡。这种由于体育锻炼而产生的有机体与施加负荷的外环境不断取得平衡的过程，就称为训练适应。

专家提示

训练适应的作用

首先，训练适应是人体机能不断提高的生物学过程。不断提高人体机能是体育锻炼的重要任务之一。现代体育锻炼要求体育运动参与者最大限度地挖掘其机能潜力，而人体机能的不断提高依赖于训练适应过程。只有提高对机体不断施加运动负荷的刺激，使其产生训练适应过程，才能使人体机能不断提高。

其次，训练适应是发展竞技状态的生物学前提。运动竞技状态的形成，正是训练适应过程高度发展的结果。竞技状态的形成，要求体育运动参与者在各器官系统的形态、机能、运动素质、运动技术、运动战术及心理状态等方面的训练适应，都达到相当完善的程度，并和谐地结合成一个整体。而竞技状态的暂时消失，则是训练反适应性衰退的结果。这种反适应性衰退又使体育运动参与者的机体得以恢复，并进一步发展新的训练适应，在高一级水平上重新形成竞技状态，取得更好的运动成绩。

最后，训练适应是体育锻炼理论的生物学依据。体育锻炼理论是运动实践经验的总结和概括，它建立在体育锻炼客观规律之上，对体育锻炼实践起着指导作用。体育锻炼理论只有建立在训练适应以及其他一些体育锻炼客观规律的基础上，才能经受得住体育锻炼实践的检验，形成科学的理论体系，指导体育锻炼沿着正确的方向发展。

训练适应过程的产生和发展受很多因素的影响，如运动负荷、恢复过程、身体情况和心理状态等，其中负荷和恢复起着决定性的作用。因此，在训练适应过程中尤其重视恢复过程，这是形成训练适应的必要前提。另外，如果体育运动参与者心理和日常生活的总负荷与其机体所能承受的负荷能力相吻合，训练适应过程就能正常发展，机能水平和运动成绩则可相应提高；如果体育锻炼与日常生活的总负荷超过了体育运动参与者机体的承受能力，则可能导致过度训练现象。对过度训练的预防，首先，要考虑到根据体育运动参与者机体的可接受性和个人特点合理安排体育锻炼；其次，要遵守生活制度，注意劳逸结合。对过度训练的消除，可以采取通过观察及时发现早期症状，找出过度训练的具体原因，并调整训练计划加以排除。

二、运动疲劳与运动恢复

运动疲劳是运动本身引起的机体工作能力暂时降低，经过适当时间休息和调整可以恢复的生理现象，是一个极其复杂的身体变化综合反应过程。疲劳时机体工作能力下降，经过一段时间休息，机体工作能力又会恢复，只要不是过度疲劳，并不损害人体的健康。所以，运动疲劳是一种生理现象，对人体来说又是一种保护性机制。但是，如果人经常处于疲劳状态，前一次运动产生的疲劳还没来得及消除，新的疲劳又产生了，疲劳就可能积累，久而久之就会产生过度疲劳，影响体育运动参与者的身体健康和运动能力。如果运动后能采取一些措施，就能及时消除疲劳，使体力很快得到恢复，消耗的能量物质得到及时的补充，甚至达到超量恢复，就有助于训练水平的不断提高。

在体育锻炼中，躯体性疲劳和心理性疲劳是密切联系的，运动性疲劳是身心的疲劳。一般来说，产生轻度疲劳，身体会迅速恢复；产生中度疲劳，则需要较好地调整和休息；产生重度疲劳，要想尽快使身体的各项生理指标恢复到原水平或要做到超量恢复，就比较难了。作为体育锻炼指导者除了在思想上、生活上关心体育运动参与者之外，主要应把重点放在不同的训练阶段，把训练手段和恢复手段结合起来。对体育运动参与者来讲，疲劳在很大程度上和心理因素有关。为此，要根据具体对象的具体情况采用各种不同的恢复手段，以加速恢复过程，恢复方法是多方面的。

运动时和运动后供能物质量的变化，是消耗和恢复过程保持平衡的结果。运动时以消耗过程为主，恢复过程跟不上消耗过程，表现为能源物质数量下降；运动后休息期，以恢复过程为主，消耗过程下降，能源物质逐渐恢复，达到或超过原来水准。

在训练的中身体的恢复不可能达到完全恢复，如何选择最适宜的休息间歇，既保证完成训练任务又取得良好的训练效果，是训练课中值得注意的问题。目前研究结果认为：

（1）10 秒钟全力运动的半时反应时间为 20～30 秒，最适宜的休息间歇不应短于 30 秒；

（2）30 秒钟全力运动的半时反应时间为 60 秒，最适宜的休息间歇为 60 秒左右；

（3）1 分钟全力运动的半时反应时间为 3～4 分钟，最适宜的休息间歇为 4～5 分钟；

(4) 成组练习为 4×100 米跑后，乳酸消除的半时反应时间为 15 分钟左右，最适宜的休息间歇为 15 分钟左右，活动性休息有助于乳酸的消除。

在训练期应根据训练的目的、身体内消耗的主要能源物质，选择最适宜的休息间歇，并在这期间增加被消耗能源物质的补充或采取其他有关措施，以加速恢复过程。力竭运动后物质的恢复时间见表 3-1。

表 3-1 力竭运动后物质的恢复时间

物质	最短恢复时间	最长恢复时间
肌肉中磷酸原	2 分钟	3 分钟
氧合血红蛋白	1 分钟	2 分钟
肌糖原	10 小时	46 小时
乳酸消除（活动性休息）	30 分钟	1 小时
乳酸消除（静坐休息）	1 小时	2 小时

三、能量消耗与营养补充

能量消耗是指人体活动时消耗体内能量的过程，即能量代谢的过程。常用指标为能量代谢率。根据人体活动水平的差异，分为基础代谢、静息代谢和活动代谢。静息代谢是指人处于不活动或活动前状态时的能量代谢，此时身体消耗的能量用于保持身体姿势和维持基础代谢。活动代谢则指人从事特定活动时的能量代谢，可随活动类型、强度和环境条件等的不同而发生变化。较低的活动代谢率可以接近基础代谢率，而较高的活动代谢率则可能超过人的能耗极限。

专家提示

运动后的饮食

早上是一天的最佳运动时间，运动完需要补充营养，不要选择油腻的食物，例如肥肉之类，要讲究营养健康。推荐牛奶加水后煮沸饮用，不要浓度太高。做完运动不要急于吃饭，要等心跳恢复平静。

跑完步后切忌马上坐下休息，要慢走一会儿，做一下拉伸运动，等一段时间后再喝水，以补充水分。

运动营养是指人体根据不同的运动项目特点从外界摄入各种营养素，以满足运动对各种营养素的需求。运动营养补剂在国外已风行近半个世纪，对酷爱健身的西方人来说已十分普及，也正在迅速进入我们的生活。

不同的运动强度、不同的运动项目需要补充的运动营养品类型和用量各不相同。大强度训练会导致体内水分、微量元素和无机盐的大量流失。补充那些旨在保持内环境平衡的营养物质十分重要。这类营养品包括复合电解质能量冲剂、锌镁合剂、关节宝等。近来发现，谷氨酰胺对消除疲劳、补充能量、修复肌纤维和提高免疫功能效果非常好，备受大强度训练者青睐。碳水化合物是五种运动营养品中最廉价但也是最基本的，它是维持肌体运转的燃料。缺乏碳水化合物将导致全身无力、疲乏，血糖降低，产生头晕、心悸、脑功能障碍等症状。严重者会导致低血糖昏迷。运动营养品厂家生产的碳水化合物营养粉、营养补剂比起寻常食物来，纯度更高，更易吸收。

专家提示

健美运动参与者对运动营养品有较高需求，具体用法很有学问。比如，蛋白质摄入过多会变成脂肪在体内堆积，增加胃的负担。如果不是很专业的选手，每天的建议服用量是每磅（0.454 千克）体重吃 1～1.5 克，比如体重 200 磅的人每天吃 200～300 克。早晨和训练结束后服用效果比其他时间要好。肌酸的服用效果在开始阶段最明显，因此用量渐次减少效果最好。过量服用可能导致肌肉酸胀无力等副作用，因此边练边服、服服停停效果比一味猛练猛服更好，配合葡萄糖、果汁等在训练前半小时服用，更容易吸收。

品牌的运动营养补剂与兴奋剂截然不同，都经过了国际体育药物联合会检测，美国的品牌还必须通过 FDA（美国食品与药品管理局）检测，严禁含有兴奋剂成分，比如减脂类营养品中的麻黄素成分现在已被禁用，代之以减脂效果更出色的亚油酸。

第二节　体育锻炼的原则

运动箴言

静止便是死亡，只有运动才能敲开永生的大门。——泰戈尔

原则是人们说话或行事所依据的法则或标准，是由人们根据其对客观事物运动内在规律的认识而制定的。科学的原则是人们对客观规律正确认识的反映；体育锻炼的原则是依据体育锻炼活动的客观规律而确定的组织体育锻炼所必须遵循的基本准则，是体育锻炼活动客观规律的反映，对体育锻炼实践具有普遍的指导意义。

一、持之以恒原则

系统的持续训练是取得理想训练效果的必要条件，人体对训练负荷的生物适应必须通过机体自身的各个系统、各个器官、各块肌肉乃至每个细胞的变化一点一点地实现。体育运动参与者的竞技能力是多种能力的综合表现，它不仅涉及生理、心理等各个方面的因素，还受先天和后天因素的影响，因此人体机能的适应性改造，包括中枢神经系统功能的改造，不是在短期内所能奏效的。

体育锻炼对人体的积极改造，不是一朝一夕就能实现的，而且人体遵循“用进废退”的自然法则，已有的锻炼效果如果不进行强化巩固就会慢慢消退。无论从锻炼行为、锻炼意识还是健身效果的保持来看，都必须持之以恒。

比如，耐力性项目的运动参与者的有氧代谢能力，以及肌肉组织内毛细血管的变化都不是一朝一夕所能形成的。集体球队几名队员之间配合完成某些特定的战术行动，也必须经过长期的多次练习，使队友之间建立起协调和默契的关系，做到在比赛场上用眼睛的余光即可观察对方和本方队员的活动情况，可通过同伴之间的一个细微的动作或眼神去理会他的战术意图，而后完成高度协调的战术配合，因此从人体生物适应的角度来看，体育锻炼必须持之以恒。

二、循序渐进原则

循序渐进是指要按照一定的步骤深入或提高。一方面，体育锻炼和学习过程类似，都是由浅入深、由易到难的过程，不能一蹴而就；另一方面，人的生理机能有自身的阶段性特征。在锻炼过程中，必须依据人体的基本规律以及生理机能变化发展的阶段性特征，合理地安排锻炼行为和运动负荷，通过科学合理的安排，逐步打破人体原有的内在平衡，逐步实现由量变到质变的过程。

体育锻炼参与者在体育锻炼中承受了一定的运动负荷后，必然会产生相应的锻炼效应，但并非只要施加了负荷，就一定会产生良好的锻炼效应，运动负荷的安排对锻炼效应的好坏有着重要的影响。机体对适宜的负荷产生适应，但若负荷过小则不能引起机体必要的应激反应；而在过度负荷的作用下则会出现劣变反应。根据人体在参与体育锻炼中的适应性的特点，在一段时间的体育锻炼之后根据自身承受能力逐渐提升负荷，就是我们所说的循序渐进原则。

三、全面性原则

人的构成既有生理层面的，也有心理和社会层面的。单从生理层面看，人体的形态、机能以及各器官系统的功能是一个相互影响的负载系统。体育锻炼要从各方面对人加以改造，改造对象的多样性要求改造方法的多样性及改造过程的全面性。

体育锻炼是多层次、多方面、多变化的对立统一的范畴，是不断分析认识与解决矛盾的活动过程。训练实践中充满着许多矛盾，体育锻炼的基本原则就是依据体育锻炼活动的基本规律提炼出解决这些矛盾和指导体育锻炼实践的基本思想与方法，也就需要我们在体育锻炼的过程中多观察、多注意，着眼全局看问题。

四、自觉主动原则

体育锻炼过程中必须通过多种方式和手段使参与者形成一种内在的、积极的体育锻炼心理需求，产生内在激励机制和外在行为机制。体育对人体的改造，要求人体必须克服自身惰性，而强制性的、被动参与的体育锻炼只能在短期产生积极影响，难以持久。

专家提示

夏季锻炼须知

盛夏酷暑，稍一活动就会大汗淋漓，此时锻炼需要注意以下几点：

1. 忌在强光下锻炼

中午前后，烈日当空，气温最高。除游泳外，忌在此时锻炼，谨防中暑。夏季阳光中紫外线特别强烈，人体皮肤长时间接受阳光照射，可发生1～2度灼伤。

2. 忌锻炼时间过长

一次锻炼时间不宜过长，一般以20～30分钟为宜，以免出汗过多，体温上升过高，进而引起中暑。如果一次锻炼时间较长，可在中间安排1～2次休息。

3. 忌锻炼后大量饮水

夏季锻炼出汗多，如这时大量饮水，会给血液循环系统、消化系统，特别是心脏增加负担。同时，饮水会使出汗更多，加剧盐分流失，从而引起痉挛等症状。

4. 忌锻炼后立即洗冷水澡

夏季锻炼体内产生热量较快，皮肤中的毛细血管大量扩张，以利于身体散热。遇冷水刺激会使体表扩张的毛细血管突然收缩，造成心血管系统失衡，以致生病。

5. 忌锻炼后大量吃冷饮

体育锻炼可使大量血液涌向肌肉和体表，而消化系统则处于相对贫血状态。大量吃冷饮会降低胃的温度，冲淡胃液，轻则引起消化不良，重则导致急性胃炎。

6. 忌锻炼后以体温烘衣

夏季运动出汗较多，衣服几乎全部湿透，有些年轻人自恃体格健壮常懒于更换湿衣，极易引起风湿病或关节炎。

五、具体针对原则

在体育锻炼中，我们必须考虑参与者个体的体质基础、身体机能状况、健康水平、体育文化素养、所处环境等，综合选择锻炼方法，安排锻炼内容，确立运动负荷，使体育锻炼做到因人而异、因地制宜。

根据所设定的体育锻炼目标选择锻炼的内容，以服务于特定的锻炼任务。安排不同的锻炼内容，就会发展不同的运动能力，只有按照专项竞技的需要去选择锻炼的内容，才有可能使得锻炼者的专项竞技能力得到迅速提高。

第三节　体育锻炼的内容与选择

运动箴言

生活多美好啊，体育锻炼乐趣无穷。——普希金

一、体育锻炼的内容

体育锻炼的内容包罗万象，大体可分为体能类、技术类、战术类、心理类。在实践中，体育锻炼不会仅仅局限在单一类别，结合几种类型的锻炼才能更加有效。

（一）体能类

体能是以人体三大功能系统为能量代谢活动的基础，通过骨骼肌的做功表现出来的运动能力。锻炼者体能水平的高低是通过速度、力量、耐力、协调、灵敏和柔韧等运动素质表现出来的。人体在运动时能量供应是通过三大能量代谢系统的功能和神经、骨骼、肌肉等系统的协调工作来实现的。

体能锻炼的直接任务就是根据各个项目的需要提高参与者的运动素质，改善参与者的机能状态，使参与者的身体形态适合特定运动项目的要求，确保参与者的体能状况能够适应比赛中战术活动的进行与技术水准的发挥，同时保障参与者在锻炼过程中能够掌握新的技战术，并将已经获得的素质在运动竞赛中充分发挥出来。

（二）技术类

运动技术即完成体育动作的方法，也是决定运动参与者竞技水平的重要因素。参与不同体育项目的活动，需完成不同的动作、学习和掌握不同的技术。各个运动项目的各种动作都有着符合人体运动力学基本原理的标准技术及规范要求；而对每名体育锻炼者来说，必须依据个体的生物学特点选择和掌握具有个人特征的运动技术，才能更为有效地参与运动竞技。

运动技术的构成分为动作要素和技术结构。动作要素包括身体姿势、运动轨迹、动作时间、动作速度、动作速率、动作力量和动作节奏等；技术结构包括动作基本结构和技术组合。

（三）战术类

竞技战术是在比赛中为战胜对手或为表现出期望的竞技水平而采取的计谋和行动。竞技战术由战术观念、战术指导思想、战术意识、战术知识、战术形式和战术行动等构成。

专家提示

战术方案的基本内容

（1）战术任务和具体目标。

（2）预测对手的战术意图，包括进攻与防守以及心理等。

（3）确定战术原则。

（4）己方全队或个人的战术行动，包括具体的任务分工等。

（5）预测比赛过程中可能发生的情况及应变措施。

（6）适应竞赛环境的措施。

（7）赛前战术训练的安排。

（8）对本方案的保密要求及赛前隐蔽工作。

（四）心理类

体育锻炼参与者的心理能力，即锻炼者与训练竞赛有关的个性心理特征，以及训练竞赛需要把握和调整心理过程的能力，是锻炼者竞技能力的重要组成部分。人的大脑时时刻刻都在以各种方式控制着身体的每一个生理活动和动作，而这通常是在人们无意识中进行的，我们可以通过有意识的科学锻炼，最大限度地开发大脑的能力。锻炼者心理能力的本质是，锻炼者大脑对其运动行为的把握与控制能力。包括锻炼者在运动锻炼及竞赛行为中的动员能力、控制能力、抑制能力等。

二、体育锻炼内容的选择

选择锻炼内容要因人、因地而宜。体育锻炼的进行应以全面发展身体素质为目的，根据体育锻炼的原则和原理，进行多项性和交叉性的体育锻炼，防止引起身体各部发育不匀称。

（一）根据体育锻炼者兴趣和爱好选择锻炼内容

每个人所喜爱的体育锻炼项目是不同的，有些人对篮球感兴趣，可多选择篮球进行锻炼；有些人对跑步感兴趣，可选择不同方式的跑步进行锻炼；有些人喜爱高尔夫，可选择高尔夫进行锻炼等。

（二）根据体育锻炼者的身心特点选择锻炼内容

青春发育初期，体育锻炼宜选择以灵敏性、协调性和柔韧性为主的活动项目，如健美操、乒乓球、武术、跆拳道、跳绳、跳皮筋等。

青春发育中期，体育锻炼宜选择以速度为主并兼顾青春初期的活动项目，如短跑、羽毛球、足球、游泳、自行车、滑冰等。

青春发育后期，各器官发育日趋成熟并接近成年人，体育锻炼可增加速度耐力、一般耐力和力量性练习，如中长跑、排球、篮球、网球、攀岩、滑雪等。

（三）根据体育锻炼者自身的体质状况选择锻炼内容

生长发育正常、身体健康、体质状况良好、有一定锻炼基础的体育锻炼者，可以选择运动量较大的项目锻炼，如长跑、短跑、足球、自行车、篮球等。如果体质较弱或健康状况不佳，则应选择一些运动量较小的锻炼项目，如散步、快步走、慢跑、太极拳等，以达到增强体质和治疗某些慢性疾病的目的。

（四）根据体育锻炼者学习、工作和生活状况选择锻炼内容

学生由于学业负担较重，经常处于坐位学习，精神较紧张，因此在学习一段时间后，应参加适宜的体育活动来进行积极性休息。

第四节　运动处方的内容和制定

运动箴言

身体教育和知识教育之间必须保持平衡。体育应造就体格健壮的勇士，并且使健全的精神寓于健全的体格。——柏拉图

一、运动处方的内容

运动处方是指针对个人的身体状况，采用处方的形式规定锻炼者的运动内容和运动量的方法。其特点是因人而异，对“症”下药。20 世纪 50 年代，美国生理学家卡波维奇提出了“运动处方”的概念。1969 年世界卫生组织使用了“运动处方”术语，在国际上得到认可。德国从 1954 年起对运动处方的理论和实践进行研究，制定出针对健康人、中老年人、体育运动参与者、肥胖病患者等的各类运动处方，效果显著。

运动处方的内容应包括运动种类、运动强度、运动时间、运动频率、运动进度及注意事项等。

（一）运动种类

运动处方的运动种类可分为三类：耐力性（有氧）运动、力量性运动、伸展运动和健身操。

1. 耐力性（有氧）运动

耐力性（有氧）运动是运动处方最主要和最基本的运动内容。在治疗性运动处方和预防性运动处方中，主要用于心血管、呼吸、内分泌等系统的慢性疾病的康复和预防，以改善和提高心血管、呼吸、内分泌等系统的功能。在健身健美运动处方中，耐力性（有氧）运动是保持全面身心健康、保持理想体重的有效运动方式。

有氧运动的项目有：步行、慢跑、走跑交替、上下楼梯、游泳、自行车、功率自行车、跳绳、划船、滑水、滑雪、球类运动等。

2. 力量性运动

力量性运动在运动处方中，主要用于运动系统、神经系统等功能障碍的患者，以恢复肌肉力量和肢体活动功能为主。在矫正畸形和预防肌力平衡被破坏所致的慢性疾患的康复中，通过有选择地增强肌肉力量，调整肌力平衡，从而改善躯干和肢体的形态和

功能。

力量性运动根据其特点可分为：电刺激疗法（即通过电刺激增强肌力，改善肌肉的神经控制）、被动运动、助力运动、免负荷运动（即在减除肢体重力负荷的情况下进行主动运动，如在水中运动）、主动运动、抗阻运动（包括等张练习、等长练习、等动练习、等长练习与等张练习结合的短促最大练习）等。

3. 伸展运动和健身操

伸展运动和健身操较广泛地应用在治疗、预防和健身健美各类运动处方中，主要作用有放松精神、消除疲劳，改善体型，防治高血压、神经衰弱等疾病。

伸展运动和健身操的项目主要有太极拳、保健气功、五禽戏、广播体操、医疗体操、矫正体操等。

（二）运动强度

运动强度是运动处方的核心及设计运动处方中最复杂的部分，需要通过适当的监测来确定运动强度是否适宜。运动强度是指单位时间内的运动量，即：运动强度＝运动量/运动时间。运动量是运动强度和运动时间的乘积，即：运动量＝运动强度×运动时间。运动强度可根据最大吸氧量的百分数、代谢当量、心率、自感用力度等来确定。

（1）最大吸氧量的百分数。在运动处方中常用最大心率的百分数来表示运动强度，通常有氧运动的运动强度宜采用 70％～85％HRmax，这一运动强度的最大吸氧量范围通常是 55％～70％VO_2max。

（2）代谢当量（MET）是指运动时代谢率对安静时代谢率的倍数。每千克体重，从事 1 分钟活动消耗 3.5 毫升的氧，其活动强度称为 1MET［1MET＝3.5ml/(kg·min)］。1MET 的活动强度相当于健康成人坐位安静代谢的水平。任何人从事任何强度的活动时，都可测出其吸氧量，从而计算出 MET 数值，用于表示其运动强度。在制定运动处方时，如已测出某人的适宜运动强度的 MET，即可找出相同 MET 的活动项目，写入运动处方。

（3）心率。除去环境、心理刺激、疾病等因素，心率与运动强度之间存在着线性关系。在运动处方实践中，一般来说，达到最大运动强度时的心率称为最大心率；达到最大功能的 70％～85％时的心率称为“靶心率”，或称为“运动中的适宜心率”，是指能获得最佳效果并能确保安全的运动心率。

专家提示

靶心率计算方法

1. 公式推算法

以最大心率的 70％～85％为靶心率，最大心率可通过公式推算。对于年龄在 50 岁以下的健康人，最大心率＝220－年龄；年龄在 50 岁以上、有慢性病史的人，最大心率＝170－年龄；经常参加体育锻炼的人，最大心率＝180－年龄。

例如：年龄为 40 岁的健康人，其最大心率为：220－40＝180 次/分钟，靶心率下限为 180×75％＝126 次/分钟，上限为 180×85％＝153 次/分钟，即锻炼时心率在

126～153 次/分钟之间表明运动强度适宜。

2. 吸氧量推算法

人体运动时的吸氧量与运动强度及心率有着密切的关系，可用吸氧量推算靶心率，以控制运动强度。大强度运动时相当于最大吸氧量的 70%～80%（70%～80% VO_2max），心率为 135～165 次/分钟；中等强度运动相当于最大吸氧量的 50%～60%（50%～60%VO_2max），心率为 110～135 次/分钟；小强度运动相当于最大吸氧量的 40%以下（小于 40%VO_2max），心率为 100～110 次/分钟。

在实践中可根据按锻炼者年龄预计的适宜心率，结合锻炼者的实际情况来确定适宜的运动强度。

（4）自感用力度是根据运动者自我感觉疲劳程度来衡量相对运动强度的指标，是持续强度运动中反映体力水平的可靠指标，可用来评定运动强度；在修订运动处方时，可用来调节运动强度。自感用力度与心肺代谢的指标密切相关，如吸氧量、心率、通气量、血乳酸等。

力量性运动的运动强度以局部肌肉反应为准，而不是以心率等指标为准。

有固定套路的伸展运动和健身操，如太极拳、广播体操等，其运动量相对固定。如太极拳的运动强度一般为 4～5MET，或相当于 40%～50%的最大吸氧量，运动量较小。增加运动量可通过增加套路的重复次数或动作的幅度等来完成。

（三）运动时间

运动处方中的运动时间是指每次持续运动的时间。每次运动的持续时间为 15～60 分钟，一般须持续 20～40 分钟；其中达到适宜心率的时间须在 15 分钟以上。在计算间歇运动的持续时间时，应扣除间歇时间。间歇运动的运动密度应视体力而定，体力差者运动密度应低，体力好者运动密度可较高。

力量性运动的运动时间主要是指每个练习动作的持续时间。如等长练习中肌肉收缩的维持时间一般认为 6 秒以上较好。短促最大练习是负重伸膝后再维持 5～10 秒。

成套的伸展运动和健身操的运动时间一般较固定，而不成套的伸展运动和健身操的运动时间有较大差异。如：24 式太极拳的运动时间约为 4 分钟；42 式太极拳的运动时间约为 6 分钟。伸展运动或健身操的总运动时间由一套或一节伸展运动或健身操的运动时间、套数或节数来决定。

（四）运动频率

在运动处方中，运动频率常用每周的锻炼次数来表示。运动频率取决于运动强度和每次的运动时间。一般认为，每周锻炼 3～4 次，即隔一天锻炼一次，这种锻炼的效率最高。最低的运动频率为每周锻炼 2 次。运动频率更高时，锻炼的效率并不一定提高，反而有增加运动损伤的可能。

小运动量的耐力运动可每天进行。力量性运动的频率一般为每日或隔日练习 1 次。伸展运动和健身操的运动频率一般为每日 1 次或每日 2 次。

（五）运动进度

一般根据运动处方进行适量运动的人，经过一段时间的运动练习后（6～8 星期），心肺功能应有所改善。这时，在运动强度和运动时间方面均应逐渐加强，运动处方应根据个人的进度而修改。在一般情况下，体育锻炼中体能的进展可分为三个阶段：初级阶段、进展阶段和保持阶段。

1. 初级阶段

初级阶段是指刚刚开始实行定时及有规律的运动的时候。在这个阶段并不适宜进行长时间、多次数和强度大的运动，因为肌肉在未适应运动时就接受高强度训练很容易受伤，所以适宜采取强度较低、时间较短和次数较少的运动处方。例如选择以慢跑作为练习的体育运动参与者，应该以每小时 6 千米的速度进行，时间和次数则因应自己的体能而调节，每次的运动时间不应少于 15 分钟。

2. 进展阶段

进展阶段指体育运动参与者经过初级阶段的运动练习后，心肺功能已有明显的改善，而改善的程度则因人而异。在这个阶段，一般人的运动强度可以达到最大吸氧量的 40%～85%，运动时间可每 2～3 周延长一些。这个阶段是体育运动参与者体能改善的明显期，一般长达 4～5 个月时间。

3. 保持阶段

保持阶段在训练进行约 6 个月之后出现。在这个阶段，体育运动参与者的心肺功能已达到满意的水平，而他们亦不愿意再增加运动量。体育运动参与者只要保持这个阶段的训练，就可以确保体魄强健。这时，体育运动参与者亦可以考虑将较为单调的体育锻炼改为一些较高趣味的运动，以避免因枯燥单调放弃继续运动。

（六）注意事项

1. 耐力性（有氧）运动的注意事项

用耐力性（有氧）运动进行康复和治疗的疾病多为心血管、呼吸、内分泌等系统的慢性疾病，在按运动处方进行锻炼时，要根据各类疾病的病理特点、每个参加锻炼者的具体身体状况，提出有针对性的注意事项，以确保运动处方的有效性和安全性。

2. 力量性运动的注意事项

（1）运动不应引起明显疼痛。

（2）运动前后应做充分的准备活动及放松整理活动。

（3）运动时保持正确的身体姿势。

（4）必要时给予保护和帮助。

（5）注意肌肉等长收缩引起的血压升高反应及闭气用力时心血管的负荷增加。有轻度高血压、冠心病或其他心血管系统疾病的患者，应慎做力量练习；有较严重的心血管系统疾病的患者忌做力量练习。

（6）经常检修器械、设备，确保安全。

3. 伸展运动和健身操的注意事项

（1）应根据动作的难度、幅度等，循序渐进、量力而行。

（2）某些疾病应慎做某些动作。如：高血压病患者、老年人等人群不做或少做过分用力的动作及幅度较大的弯腰、低头等动作。

（3）运动中注意正确的呼吸方式和节奏。

二、运动处方的制定原则

（一）因人而异原则

运动处方必须因人而异，切忌千篇一律。要根据每一个参加锻炼者或病人的具体情况制定出符合个人身体客观条件及要求的运动处方。不同的疾病，运动处方不同；同一疾病在不同的病期，运动处方不同；同一个人在不同的体能状态下，运动处方也应有所不同。

（二）有效原则

运动处方的制定和实施应使参加锻炼者或病人的体能状态有所改善。在制定运动处方时，要科学、合理地安排各项内容；在运动处方的实施过程中，要按质、按量认真完成训练。

（三）安全原则

按运动处方运动，应保证在安全的范围内进行，若超出安全的界限，则可能发生危险。在制定和实施运动处方时，应严格遵循各项规定和要求，以确保安全。

（四）全面原则

运动处方应遵循全面身心健康的原则，在运动处方的制定和实施中，应注意维持人体生理和心理的平衡，以达到“全面身心健康”的目的。

三、运动处方的制定制度

运动处方的制定应严格按照制度进行，首先应对参加锻炼者或病人进行系统的检查，以获得制定运动处方所需要的全面资料。

（一）一般调查

通过运动处方的一般调查可了解参加锻炼者或病人的基本健康状况和运动情况。一般调查应包括：询问病史、健康状况，了解运动史，了解健身或康复的目的，了解所处社会环境条件等。

（二）临床检查

运动处方的临床检查主要包括：运动系统的检查、心血管系统的检查、呼吸系统的检查、神经系统的检查等。

（三）运动试验

运动试验是制定运动处方的主要方法和重要依据。运动试验方法的选择应根据检查的目的和被检查者的具体情况而定。目前，最常用的运动试验是递增负荷运动试验（GXT），测定时采用专业运动测试跑台或功率自行车，在试验的过程中逐渐增加负荷，同时测定某些生理指标，直到受试者达到一定运动强度。

（四）体力测验

体力测验包括运动能力测验和全身耐力测验。全身耐力测验的方式是有氧运动，包括走、跑、游泳三种方式。目前，较多采用有氧运动的耐力跑（12 分钟跑测验）。

四、运动处方的制定程序

（一）确定运动目的

通过有目的的锻炼达到预期的效果。由于每个人的情况千差万别，运动处方的目的有健身的、娱乐的、减肥的、治疗的等多种类型。

（二）确定运动项目

在运动处方中，为锻炼者提供最合适的运动项目关系到锻炼的有效性和持久性。选择运动项目，要考虑运动的目的，如是健身还是治疗；要考虑运动条件，如场地器材、余暇时间、天气等；还要结合锻炼者的兴趣爱好等。

（三）确定运动强度

运动强度是运动时的剧烈程度，是衡量运动量的重要指标之一，可用心率来表示。一般认为学生心率 120 次/分钟以下为小强度，120～150 次/分钟为中强度，150 次/分钟以上为大强度。测量心率的简单办法是测量运动后 10 秒的脉搏次数，再乘以 6，就是 1 分钟的心率。

适宜运动强度范围可用靶心率（本人最高心率的 70%～85%）作为标准。计算公式如下：

最大心率＝220－年龄
心率储备＝最大心率－安静心率
最适宜运动心率＝心率储备×75%＋安静心率

如某大学生 20 岁，安静心率 70 次/分钟，他的最大心率为 220－20＝200 次/分钟，心率储备为 200－70＝130 次/分钟，最适宜运动心率为 130×75%＋70＝167.5 次/分钟。

（四）确定运动时间

运动时间指一次锻炼的持续时间。它与运动强度紧密相关，强度大，时间应稍短；强度小，时间应稍长。有氧运动一般在 30 分钟左右就可以达到较好的效果。

（五）确定运动频率

运动频率指每周的锻炼次数。

专家提示

运动频率

关于运动频率，日本的池上晴夫研究表明，1 周运动 1 次，肌肉酸痛和疲劳每次都发生，运动后 1～3 天身体不适，效果不蓄积；1 周运动 2 次，酸痛和疲劳减轻，效果有点蓄积，不明显；1 周运动 3 次，无酸痛和疲劳，效果蓄积明显；1 周运动 4～5 次，效果更加明显。可见，1 周运动 3 次以上，效果明显。

第五节　体育锻炼中的常见生理反应及其处理

运动箴言

为了使他有坚强的心，就需要使他有结实的肌肉；使他养成劳动的习惯，才能使他养成忍受痛苦的习惯；为了使他将来受得住关节脱落、腹痛和疾病的折磨，就必须使他历尽体育锻炼的种种艰苦。——卢梭

一、腹痛

（一）发病机制与症状

运动中腹痛常在中长跑和剧烈运动时发生，主要是因在运动前准备活动不充分，或者因运动前吃得过饱、饮水过多，或者腹部受凉，导致脏腑功能失调，引起腹痛；也有的是因运动时间过长或过于剧烈，使下腔静脉压力上升，引起血液回流受阻；还有的是因呼吸节奏紊乱，引起腹肌运动异常，或者肝脾积气郁血，导致两肋胀痛等。

（二）处置与预防

1. 处置

如果没有器质性疾病，一般采用减慢运动速度、进行腹式呼吸、按压疼痛部位等方法进行调节，短时间内疼痛即可减轻，直至消失。数分钟后，如果疼痛仍不减轻，甚至加重，就应停止运动。必要时可服十滴水或普鲁苯辛，或揉按内关、大肠俞等穴位，如仍然不见效，就应送医院诊治。

2. 预防

运动前避免饮食过多，充分做好准备活动，坚持循序渐进，注意呼吸节奏，夏季运动要适当补充盐分。

二、头晕呕吐

（一）发病机制与症状

在体育锻炼中会突然发生头晕呕吐现象，若排除器质性疾病，运动中发生的头晕呕吐现象实质是一种保护性反应，它往往是机体能力下降及对外环境不适应的预示信号。

产生头晕呕吐的原因很多，比如未充分做好准备活动或参加剧烈运动，由于支配内脏器官的自主神经系统的惰性使机体的消耗与供应失调，引起头晕呕吐现象。应将头晕呕吐作为一种应急性判断指标来预防有可能出现的身体损伤。

（二）处置和预防

1. 处置

出现上述症状时，应适当减轻运动量，必要时进行休息，即刻饮服糖开水或口服硫酸亚铁，并同时服用维生素 C 和胃蛋白酶合剂。判断是中暑、运动性贫血还是运动型晕厥的

前兆。

2. 预防

运动前做好充分的准备，并注意循序渐进。调整膳食结构，平时补充含丰富蛋白质的食物，如牛奶、鱼类、蛋类及豆制品等；补充含铁的食物，如动物的内脏、菠菜、芹菜、海带、黄豆等。

三、肌肉痉挛

（一）发病机制与症状

肌肉痉挛是肌肉发生不自主的强直收缩所显示的一种现象。运动中最易发生痉挛的肌肉是小腿后侧，在游泳运动中常发生足底部肌肉痉挛。一般由寒冷刺激、电解质丢失过多、肌肉连续过快收缩而放松不够、疲劳等原因导致。

（二）处置与预防

1. 处置

出现上述症状时，应当立刻停止肌肉运动，休息并通过外力拉伸痉挛肌肉群，同时适当摄入运动饮料以补充丢失的电解质。

2. 预防

加强体育锻炼，提高身体的耐寒力和耐久力；运动前必须认真做好准备活动，对容易发生痉挛的肌肉可事先做适当按摩；冬季运动要注意保暖，夏季运动尤其是进行剧烈运动或长时间运动时要注意电解质的补充和维生素 B_1 的摄入；疲劳和饥饿时不宜进行剧烈运动；游泳下水前要用冷水冲淋全身，使身体对寒冷有适应性，水温太低时，游泳时间不宜过长；在运动中要学会肌肉放松，在降体重和控制体重时要讲究科学性。

四、中暑

（一）发病机制与症状

中暑是长时间受高温或热辐射引起的高温疾病。特别是在气温较高、通风不良或头部缺乏保护以及被烈日直接照射等情况下，体温调节功能发生障碍而导致中暑。

轻度中暑可有头晕、头痛、呕吐等症状；严重时体温升高，皮肤灼热干燥，甚至出现精神失常、抽搐、心律失常、血压下降等症状，直至昏迷，危及生命。

（二）处置与预防

1. 处置

将患者护送至阴凉、通风处平卧休息，采用降温措施，如解开衣领，服饮清凉饮料或人丹、十滴水等，也可以补充葡萄糖、盐水；对于严重患者，经临时处理后立即护送医院救治。

2. 预防

在高温炎热的环境下锻炼时，应适当减少运动量和锻炼时间；尽量避免在烈日下锻炼。夏天在室内锻炼时，注意保持良好的通风，并备有低糖含盐的饮料；在室外锻炼时，应戴白色凉帽，穿宽松浅色运动服。

五、“极点”现象

在进行剧烈运动时，由于在运动开始阶段内脏器官的活动赶不上运动器官的需要，往往会产生一种非常难受的感觉。此时会出现暂时性的呼吸急促、胸闷难忍、下肢沉重、动作不协调，并有恶心现象，想停止运动，这在运动生理学上称为“极点”。

出现“极点”现象时所产生的难受感觉，成为学生不愿意坚持长时间锻炼的原因。“极点”出现后，通过降低运动强度，控制呼吸频率和增加呼吸深度，延缓呼气，都可以消除“极点”现象或缩短它的持续时间。同时，随着锻炼的深入和意志品质的提高，“极点”就不再可怕。

专家提示

有锻炼习惯的人如果某一次锻炼时肌肉疼痛，那就说明运动过量了。当然，最初锻炼时，肌肉可能会疼痛，做伸展运动有助于防止和减轻肌肉疼痛。

六、游泳溺水

（一）水中营救

强壮的游泳者从水中营救溺水者，其他人立即寻找漂浮物，在离水前应将溺水者放到漂浮物上，使溺水者的面部保持在水面之上。

（二）离水后急救

登岸后及时倒出溺水者呼吸道及胃中的水，主要倒水动作有：(1) 溺水者俯卧，腹部垫高，头下垂，救治者手压溺水者背部；(2) 救治者抱住溺水者双腿，将其腹部放到肩上，快步走动，将积水倒出。

（三）心跳呼吸停止的急救

对有心跳呼吸停止者，立即进行现场心肺复苏术，包括打开气道、清除口鼻内异物（如泥沙、水草等）、做口对口人工呼吸及胸外心脏按压。注意心跳、呼吸恢复后可能重新停止。在现场抢救的同时应组织后送。

（四）供氧

(1) 近乎溺水（有脉搏）和完全溺水（无脉搏）时肺中不一定有水，排水的同时不能耽误给氧。技术较优秀的游泳者在踩水同时可开始做口对口呼吸，在浅水中也可把溺水者头及胸放在膝盖上开始口对口人工呼吸。溺水者离水后才能行胸外心脏按压，定时清除咽部，尽早进行 IPPV（间歇正压通气给氧）。

(2) 溺水会引起脉搏骤停，需进行 IPPV，并迅速使血容量正常化。溺水者在心搏骤停前被抢救，在离水 30～60 分钟后电解质紊乱已恢复正常，主要问题是肺水潴留引起的严重而长期的缺氧，故应及早充分给氧。

（五）预防脑损伤

溺水者心搏骤停复苏后主要问题是复苏后脑损伤。为防止脑损伤，可使用大量皮质激素和脱水剂防止脑水肿。给高渗葡萄糖加强脑营养及耐受缺氧能力，有条件时用高压氧舱，抽搐时用镇静药，昏迷者用中枢兴奋药。

第六节 运动损伤的预防与处置

运动箴言

我们力求使学生深信，由于经常的体育锻炼，不仅能发展身体的美和动作的和谐，而且能形成人的性格，锻炼意志力。——苏霍姆林斯基

在体育活动中发生的机体内部或外部的损伤称为运动损伤，它与一般生活及劳动中的损伤有所不同，它与运动项目及其技术动作有着密切的关系，了解并掌握运动损伤的原因、特点和预防方法，就能达到预防损伤、提高治疗效果、缩短康复时间的目的。

一、运动损伤产生的原因

运动损伤的发生并非偶然，了解其产生规律，就可以把运动损伤的发生率降到最低限度。

（一）主观原因

1. 思想上不够重视

在体育锻炼过程中对运动损伤的预防方法、预防的重要性和必要性缺乏认识。

2. 缺乏合理的准备活动

准备活动能提高中枢神经系统的兴奋性，使人体各部分器官组织从相对静止状态过渡到紧张的活动状态。

3. 身体功能和心理状态不良

体育活动要求精神高度兴奋，这样才能完成好动作。

4. 内容和组织方法不科学

教师在进行教学时，内容和组织方法不科学，比赛安排不合理，机体局部负荷强度过大，运动中不从实际出发进行调整，都容易造成受伤事故。动作粗野或违反规则，在比赛中不遵守比赛规则，或在体育锻炼中相互嬉闹等都易发生运动损伤。

（二）客观原因

1. 缺乏保护和帮助

在体育活动过程中，由于教师、教练员教学经验不足，保护和帮助不及时、不正确，经常是器械体操产生伤害事故的直接原因。

2. 场地、器械不符合安全要求

如场地狭窄、不平坦，器械安装不牢固，未能充分利用保护装置和保护措施，容易造

成运动损伤。

3. 环境因素

在进行体育锻炼时，空气污浊，光线不足，噪声过大，气温过高以及运动着装不符合运动要求，都会直接或间接造成损伤事故。

二、运动损伤的预防

（一）加强教育，提高防伤意识

认真贯彻预防为主的方针，加强安全、卫生、组织及纪律性教育，培养学生团结友爱、互相帮助的优良品质，以及发扬良好的体育道德作风。

（二）做好准备活动和整理活动

认真做好准备活动，尤其对易受伤部位的关节韧带和肌肉要充分活动开，受过伤的部位也要多做一些准备活动。运动结束后还要做好整理活动。

（三）合理安排运动负荷

安排运动负荷要根据个人的身体状况区别对待，针对不同运动项目，要加强易伤部位及相对薄弱部位的训练，同时应注意身体的全面发展，对掌握动作，提高技术战术，尤其是预防运动损伤起着积极的作用。

（四）加强保护与自我保护

保护和自我保护是预防运动损伤的重要手段，教师应将保护和自我保护的正确方法传授给学生。如摔倒时应立即屈肘，低头团身滚动，切不可直臂或肘部撑地。

（五）检查场地器械，杜绝事故隐患

掌握运动器械的正确使用方法，检查场地及器械的安全及性能，禁止穿戴不适合运动的鞋、服装和饰品参加运动。

（六）加强医务监督

做好医务监督，定期进行体格检查，了解学生的身体生长发育和健康状况，科学合理地安排训练和活动计划。

三、常见的运动损伤及其处置方法

（一）挫伤

1. 征象

挫伤多发生在头部、胸部、四肢，因为这些地方经常暴露在外，常会遇到碰、跌、打、摔等，受伤后局部红肿、疼痛，皮肤破裂的当时就出血，皮肤没有破裂的会出现青紫淤血。

2. 处置

对挫伤应根据情况及时处理。如果皮肤出血应立即停止运动，先用碘酒将伤口消毒，用净布包扎。如果受伤部位红肿疼痛，可先用冷水或冰进行局部冷敷，抬高受伤部位，必要时加压包扎，防止继续出血。24 小时以后改用热敷，用按摩来活血、消肿、止痛。伤势减轻后再做有针对性的活动，如下蹲、弯腰、举腿等，使关节、肌肉恢复功能，避免伤后关节不灵或发生肌肉萎缩。

(二) 肌肉损伤

1. 征象

如果是微细的肌肉损伤，则症状较轻；如果是肌纤维完全断裂，则症状较重。一般表现为伤处疼痛，局部肿胀、压痛，肌肉紧张或抽筋，伤后肌肉功能减弱或丧失。

2. 处置

肌肉伤治疗要根据具体情况而定，少量肌纤维断裂者，应立即采取冷敷、局部加压包扎等措施，并抬高伤肢。对于肌肉大部分或完全断裂者，应在加压包扎后立即送医院进行手术缝合。

专家提示

预防肌肉损伤

预防肌肉损伤，要做到以下几点：

(1) 运动前做好热身准备活动，尤其是针对那些容易拉伤的部位。

(2) 运动负荷要量力而行，防止肌肉过度疲劳。

(3) 要提高运动技术及动作的正确性，不要频繁使用爆发力。

(4) 改善运动场所条件，注意运动时保持适宜温度。

(5) 冬季运动时要注意保暖，不可穿得太薄。

(6) 要注意观察肌肉的反应，如肌肉的硬度、韧性、弹力、疲劳程度。

(7) 肌肉拉伤后重新参加训练时要循序渐进，切勿操之过急，并要加强局部保护，防止再度损伤。

(三) 关节韧带损伤

1. 征象

关节韧带损伤后，一般表现为压痛、自感疼痛。轻者发生韧带部分纤维的断裂，重者韧带纤维完全断裂，引起关节半脱位或完全脱位，从而出现关节功能障碍。

2. 处置

发生关节韧带扭伤应当在24小时内采用冷敷，必要时加压包扎，24小时后采取理疗、热敷、按摩、针灸治疗。待疼痛减轻后可增加功能性练习。对急性腰部损伤，如果出现剧烈疼痛，切不可轻易处理，可让患者平卧，并用担架送至医院就诊。

(四) 骨折

1. 征象

骨折分为完全性骨折（骨完全断裂）和不完全性骨折（骨未完全断裂，如裂缝骨折），是运动中一种比较严重的损伤。主要症状表现为肿胀和皮下淤血、功能障碍，出现畸形和假关节，并有压痛和震痛感。

2. 处置

一旦出现骨折，暂勿随意移动伤肢，而应先用夹板或其他代用品固定伤肢，动作要轻巧、缓慢，不要乱拉乱拽，以免造成错位，影响整复。如果是上肢骨折，可用木板托住伤肢，用绷带扎紧骨折处的上、下两端；如果是下肢骨折，先将腿轻轻放好，然后用宽布条或褥单将两条腿缠在一起，慢慢抬到硬板担架上，送往医院救治；如果是头部、颈部或脊椎骨发生骨折，运送时就更要小心，以免损伤神经和脊椎而造成肢体瘫痪。搬运时头部用枕头或衣服垫住，防止移动，固定好以后，告知患者不要扭动伤肢。送往医院时要注意做到迅速、平稳。

（五）关节脱位

1. 征象

关节脱位后常出现畸形、与健肢不对称，表现为局部疼痛、压痛和关节肿胀，并失去正常活动功能，甚至发生肌肉痉挛等现象。

2. 处置

用长度和宽度相称的夹板固定伤肢。如果没有夹板，可将伤肢固定在自己的躯干或健肢上，防止震动，随后及时送医院治疗。必须指出的是，如果没有把握做整复处置，切不可随意做整复手术，以免增加伤害。

（六）脑震荡

1. 征象

受伤时表现为神志昏迷，脉搏徐缓，肌肉松弛，瞳孔稍大但不能对称，神经反射减弱或消失；清醒后患者常有头痛、头晕、恶心呕吐感；平时情绪烦躁，注意力不易集中，出现耳鸣、心悸、多汗、失眠、记忆力减退等。

2. 处置

立即让患者平卧，头部冷敷；若有昏迷，即指压人中、内关、合谷穴；若呼吸发生障碍，立即进行人工呼吸。完成上述处理后，若出现反复昏迷或耳鼻口出血、两瞳孔放大且不对称时，则表明病情严重，应立即送至医院救治。在运送途中要让伤者平卧，头部固定，避免颠簸。

轻微的脑震荡一般都可自愈，无须住院治疗，但要注意休息，保持情绪稳定，减少脑力劳动。

第七节 体育锻炼自我监督

运动箴言

发展体育运动，增强人民体质——毛泽东

自我监督又称自我检查，是锻炼者在体育锻炼过程中对自己健康状态和生理功能变化作连续观察，并定期记录供本人指导教师和医师参考。目的在于评价锻炼效果，调整锻炼计划，防止过度疲劳和运动损伤发生，促进健康水平的提高。

锻炼过程中进行自我监督，对于增进信心，坚持科学锻炼，防止过量或不足，提高锻炼效果和养成运动卫生习惯等都有重要意义。

一、自我监督的原则

次数、强度和时间是我们从事以健康为目的的锻炼必须采用的基本监控原则，想要在安全的锻炼过程中取得良好的锻炼效果，就必须在体育锻炼中科学地控制每周锻炼的次数、每次运动的强度和时间。

(一) 次数

次数表示一个人在一个周期内进行身体锻炼的次数，要想获得良好的体育锻炼效果，每周至少应该进行 3 次体育锻炼，作为一名身体正在生长发育高峰期的学生应该保证每周进行 5 次体育锻炼，这与国家规定的每天锻炼 1 小时的要求是相一致的。

(二) 强度

有氧运动的强度控制，可以通过测量心率来实现，在进行有氧运动时，心率应该控制在自己最大心率的 60％～80％为宜。在力量练习中，可以通过调控练习器械的重量、练习的组数和次数来实现。

要使自己现有的身体素质水平逐步得到提高，就必须在身体适应一定的运动强度后，逐渐加大运动强度，完成从适应到不适应再到适应这样一个循环往复锻炼的渐进过程。

(三) 时间

时间是指每次运动的持续时间。为了提高心肺循环系统的耐力，至少应持续进行 20 分钟的有氧运动，练习的强度会直接影响持续运动的时间，在大多数情况下控制运动时间要比控制运动强度容易得多。

专家提示

自测体质方法

一口气跑上四楼，然后测量自己的心率。

评价标准：如果一口气跑上四楼，觉得并不吃力，也不气喘吁吁，证明身体素质不错。

心率在每分钟 100～130 次者，体质相当好。

心率在每分钟 130～140 次者，体质一般。

心率在每分钟 150 次以上者，体质较差，应该加强锻炼。

二、自我监督的内容和方法

自我监督的内容包括主观感觉和客观指标检查，可依据自我监督的内容进行观察和实施。

(一) 主观感觉

经常参加体育锻炼的人，如果运动量安排适宜，一般自我感觉良好，精力充沛，心情愉快，参加运动的积极性也高。如果运动量安排不当就会感到疲乏无力，精神萎靡不振，对运动不感兴趣或厌烦，甚至出现头晕、心慌气短等不良感觉。

1. 运动心情

正常情况是精神饱满，精力充沛，自信心强；异常情况表现为情绪低落，心情不佳，厌烦甚至害怕运动。

2. 身体感觉

正常时自我感觉良好，身体无不适感觉。如运动中或运动后感觉异常疲劳，有头昏、恶心、呕吐、全身无力、肌肉酸痛等不良反应，则表明有异常，应该详细记录。

3. 睡眠

适度的体育锻炼后能够很快入睡，睡得熟而少梦，早晨起床后感到精神振奋、头脑清醒并且浑身有劲。如果入睡慢，容易做梦，白天无力、瞌睡，注意力不集中，容易疲劳等表明睡眠失常，运动量要进行适度调整。

4. 饮食

适度的体育锻炼能够提高机体的代谢能力，加上体育锻炼能量消耗大，食欲会变得好起来，想进食且食量大。如果运动后不想进食，食量减少，表明运动量安排不当或身体健康状况不良，要进行运动量的调整。

（二）客观指标检查

1. 排汗量

正常情况下出汗量和平时无明显差别。当轻微活动就大量出汗时，表明疲劳或身体机能失常；特别是有虚汗和夜间盗汗现象时，表明身体极度疲劳或有其他疾病。

2. 心率

如果在锻炼期间心率稳定或逐渐下降，说明身体机能状态良好，运动量适宜；在运动量加大时机体适应阶段的心率会略有增加，但一般不超过 6 次每分钟；若心率波动幅度大，超过 12 次每分钟而持续不下降，则说明身体反应不良，运动量安排不当或负荷过大。

3. 体重

参加体育锻炼后，体重一般要经历三个阶段的变化：刚参加锻炼的人在最初的几周内因身体里的水分和脂肪消耗，体重下降；经过一段时间的锻炼后，体重比较稳定；长期坚持锻炼使肌肉发达，体重有所增加，并保持在一定的水平上。如果体育锻炼期间发现体重明显下降，则可能是运动量安排不当或过度锻炼所致。

4. 肺活量

在有条件的情况下应在运动前做一次肺活量检查，参加有氧运动后肺活量会提高一些，如持续下降则表明肺功能不良。

5. 血压、心电图

在有条件的情况下或患有心脑血管疾病者要定期做血压和心电图检查，并做运动前后的对比试验。

6. 锻炼情况及成绩

记录完成计划情况、训练量和测验成绩等。

实践与探究

1. 给自己制定一份运动处方。
2. 在体育锻炼中骨折了应怎么办?
3. 对自己目前的身体素质进行主观和客观两方面的评价。

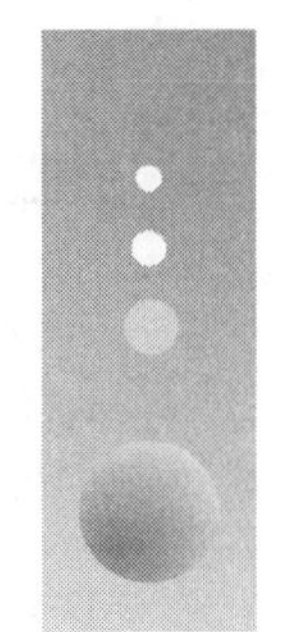

第四章　实用健身

教师寄语

健身运动是一种深受群众青睐的体育形式，集休闲、娱乐为一体，已逐渐成为现代人的一种生活方式。20 世纪 50 年代，健身运动开始在发达国家普及，继而走向发展中国家，并深入到社会各个阶层。越发达的地区，健身运动就越普及，市场也越兴盛。根据马斯洛需求层次理论，不论出于什么目的参与健身运动，都是比基础生理需求更高级的需求。现代健身运动不仅仅局限于运动本身，还是人们追求生活品质的体现，它是社交圈子，也是新兴产业。

常用的健身方法有：有氧运动、力量素质训练、耐力素质训练、速度素质训练、柔韧素质训练、灵敏素质训练等。

第一节　有氧运动

运动箴言

人生要走万里路，迈好强身第一步。

有氧运动是指人体在氧气充分供应的情况下进行的体育锻炼。即在运动过程中，人体吸入的氧气与需求相等，达到生理上的平衡状态。

简单来说，有氧运动是指强度低且富韵律性的运动，其运动时间较长（约 30 分钟或以上），运动强度在中等或中上等的程度（最大心率的 60%～80%）。

是不是“有氧运动”，衡量的标准是心率。心率保持在 150 次/分钟的运动为有氧运动，因为此时血液可以供给心肌足够的氧气。有氧运动的特点是强度低、有节奏、持续时间较长。要求每次锻炼的时间不少于 30 分钟，每周坚持 3～5 次。这种锻炼能消耗体内脂肪，增强心肺功能，预防骨质疏松，调节心理和精神状态，是健身的主要运动方式。如果体重超标，要想通过运动来达到减肥的目的，建议选择有氧运动，如慢跑、骑自行车。

专家提示

有氧运动排行榜

No. 1 游泳

优点：游泳需克服水的阻力而非重力，肌肉和关节不易受损，能有效保护膝关节；冷水环境下游泳热量消耗大，配合健康饮食，减肥效果显著。

适宜人群：膝关节受损、体重严重超标、有增强体质需求的族群。

运动周期：每周 3～4 次，每次 30～60 分钟。

热量消耗：约 650 千卡/小时

No. 2 慢跑

优点：跑步可使大脑的供血、供氧量提升约 20%，提高睡眠质量；在跑步的过程中，肺部的容量平均从 5.8 升上升到 6.2 升，同时，血液中氧气的携带量也会大大增加，从而提高肺功能；长期慢跑可使心率减慢、血管壁的弹性增加，提高心脏功能；慢跑可以缓解紧张和焦虑，有益心身健康。

适宜人群：有减肥、缓解压力、缓解亚健康，以及预防心血管疾病需要的族群。

运动周期：每周 3～4 次，每次 40～60 分钟。

热量消耗：约 650 千卡/小时

No. 3 自行车

优点：延缓大脑老化，提高神经系统的敏感度；提高心肺功能，锻炼下肢肌力和增强全身耐力；热量消耗较多，有减肥效果。

适宜人群：体重严重超标、患有颈椎和腰椎疾病的族群。

运动周期：每周 3～4 次，每次 40～60 分钟。

热量消耗：约 420 千卡/小时

第二节　力量素质训练

运动箴言

世上没有比结实的肌肉和新鲜的皮肤更美丽的衣裳。——马雅可夫斯基

力量素质是人体进行体育运动的基本素质之一，是获得运动技能和取得优异运动成绩的基础，同时也是其他身体素质发展的重要基础。例如，据统计，一场激烈的羽毛球比赛可以使运动员在场上反复快速移动达 500 次左右，再加上蹬、跳、跨、击球、跳起扣杀等，对下肢力量的要求很高。无论是在前场的搓、推、勾、扑球、放球，还是在后场的挥拍吊球、扣杀都需要一定的手腕、手背、肩部、腰背肌群的力量。因而，羽毛球运动对上肢、肩部、躯干肌肉群的力量要求也较高。所以，在教学、训练以及自我训练中，应注意科学地、系统地增强上下肢及躯干肌肉群的力量素质。

按肌肉收缩的特点可分为静力性力量和动力性力量。

一、静力性力量练习方法

这种练习的主要特点是肢体不产生明显的位移，肌肉收缩产生张力，但一般不发生长度的变化。完成静力性力量练习时，因工作的肌肉一直处于紧张收缩状态，会影响其血液循环，疲劳出现较早。

静力性力量锻炼的一般方法是以最大用力来维持某一动作，主要是注意掌握持续时间的长短。主要手段如下：

（1）对抗性静力锻炼；

（2）负重静力锻炼；

（3）动静结合锻炼。

二、动力性力量练习方法

动力性力量是指肌肉做非等长收缩时产生的力量。动力性力量锻炼分为：最大力量练习、速度力量练习、绝对力量练习、相对力量练习、力量耐力练习。

（一）最大力量练习

最大力量是用最大力量克服阻力的能力。如举起杠铃的最大重量。最大力量练习的方法主要是采用克服大阻力（最大力量的80%以上强度），重复次数少的练习。

（二）速度力量练习

速度力量又称爆发力，它是在最短时间内发挥最大力量的能力。速度力量练习的特点是适当减少阻力（最大力量的60%～70%），用最快的速度完成动作。如立定跳远的弹跳力。速度力量练习一般是用中等或中小负荷，重复次数较少，以最快速度完成动作，这种锻炼效果最好。

（三）绝对力量练习

绝对力量练习一般采用附加重量（次极限重量）或最大重量（极限重量），在卧推杠铃、深蹲和半蹲时经常使用。

（四）相对力量练习

相对力量要求锻炼者具有较强的克服自身体重的能力。锻炼的主要方法有体操、短跑、武术、摔跤、拳击等。

（五）力量耐力练习

力量耐力是指长时间克服阻力的能力。一般采用既克服一定的阻力（约50%的强度），又坚持较长时间的练习，以达到一定的疲劳感觉为宜。如俯卧撑、仰卧起坐等。

专家提示

力量素质锻炼注意事项

（1）力量练习前要充分做好准备活动。练习后及时放松肌肉，注意培养肌肉放松能力，提高肌肉的弹性。

（2）力量练习以隔天一次为宜。锻炼过程要在适应原来负荷的基础上逐渐增加负荷，才能不断发展力量。

（3）力量练习过程中要注意呼吸。肌肉用力时憋气会对心血管系统会产生不良影响。运动过程中应保持正常呼吸，发力时可慢呼吸。

（4）力量锻炼要先练大肌群，后练小肌群。全身不同部位或不同性质的练习交替进行。

（5）不能急于求成，要长期坚持，并配合做一些均衡锻炼、有氧锻炼。锻炼时间长，自然会让力量素质直线上升。

第三节　耐力素质训练

运动箴言

运动的要义不在趣味而在继续持久，养成习惯。

耐力素质是指机体在一定时间内保持特定强度的负荷或动作质量的能力。“一定时间”是指不同专项对运动时间的规定性。保持特定运动强度或动作质量是耐力水平的体现。耐力水平的提高表现为更长时间保持特定强度或动作质量，或在一定时间内承受更高强度的能力。运动员要在竞赛的全过程保持特定的运动强度或动作质量，就必须具备良好的耐力素质。

按人体的生理系统分类，耐力素质可分为肌肉耐力和心血管耐力。肌肉耐力也称为力量耐力。心血管耐力又分为有氧耐力和无氧耐力。

有氧耐力是指机体在氧气供应比较充足的情况下，能坚持长时间工作的能力。有氧耐力训练的目的在于提高运动员机体吸收、输送和利用氧气的能力，促进有机体的新陈代谢。

无氧耐力是指机体以无氧代谢为主要供能形式，坚持较长时间工作的能力。无氧耐力又分为磷酸原供能无氧耐力和糖酵解供能无氧耐力。

在无氧代谢供能的肌肉活动中，磷酸肌酸分解供能，不产生乳酸，叫磷酸原代谢供能，机体处在这种状态下，坚持较长时间工作的能力，称为磷酸原代谢供能的无氧耐力。

在无氧代谢的肌肉活动中，糖的酵解供能，产生乳酸。机体处在这种状态下，坚持长时间工作的能力，称为糖酵解代谢供能的无氧耐力。

根据肌肉工作的力学特征，可分为静力性耐力（如立姿步枪射击）及动力性耐力。

依耐力素质对专项的影响，耐力素质又可分为一般耐力和专项耐力。一般耐力是指对提高专项运动成绩起间接作用的基础性耐力；专项耐力是指与提高专项运动成绩有直接关系的耐力，具体地讲是指持续完成专项动作或接近比赛动作的耐力。

专家提示

发展耐力素质的基本要素

（1）发展耐力素质要充分考虑年龄、性别及生理特点。男子在 17 岁、女子在 16 岁以后发展素质耐力较好；男子和女子、体质强和体质弱者的运动负荷都要有明显的差别。

（2）发展耐力素质应该在发展有氧耐力的基础上发展无氧耐力。

（3）发展耐力素质要加适量的运动负荷与间歇。

（4）动作速度为中等对耐力素质的提高最为有效。

（5）要重视耐力锻炼中的呼吸与动作的配合。

（6）耐力锻炼必须持之以恒，要有顽强的意志品质。

（7）耐力锻炼后，应加强营养补充和疲劳的消除。

第四节　速度素质训练

运动箴言

每日频行，必身轻目明，筋节血脉调畅，饮食易消，无所壅滞。

速度素质是指人体快速运动的能力。快速运动反映着机体运动的加速度和最大速度的能力。将速度素质分为反应速度、动作速度和移动速度。

一、反应速度

反应速度是指人体对各种信号刺激（声、光、触等）快速应答的能力。由于运动员对不同类型信号的反应时间是不同的，训练中往往根据不同项目的特点测定运动员对特定信号的反应时间。如短跑、游泳等周期性竞速项目运动员主要接收听觉信号，而乒乓球运动员则主要通过接收视觉信号做出技战术反应。

二、动作速度

动作速度是指人体或人体某一部分快速完成动作的能力。动作速度是技术动作不可缺少的要素，表现为人体完成某一技术动作时的挥摆速度、击打速度、蹬伸速度、踢踹速度等，此外还包含在单位时间里连续完成单个动作时重复的次数（即动作频率）。

三、移动速度

移动速度是指人体在特定方向上位移的速度。以单位时间内机体移动的距离为评定指标。从运动学上讲，是距离与通过该距离所用的时间之比。在体育运动中，常常是以人体通过固定距离所用的时间来表示，如男子 100 米跑 10 秒、100 米自由泳 50 秒等。

专家提示

移动速度的测试

测试移动速度的常用方法是短距离跑。

测试要求：

（1）运动员全力加速。

（2）根据不同测试目的选定跑动距离，如 10 米、30 米、60 米、100 米、120 米。

（3）在运动员不疲劳、神经兴奋性高的状态下测试。

（4）做好充分的准备活动。

（5）除了时间参数外，步数、步频和单腿蹬地时间也是重要的评价参数。

第五节　柔韧素质训练

运动箴言

动则不衰，用则不退。

人们通常把柔韧素质简称为柔韧性。不能把柔韧性和柔软性混为一谈，两者都可用身体活动幅度的大小来衡量，可是它们在实质上是有区别的：从字义上讲，柔韧是既柔又韧，即柔中有刚，刚柔并济；而柔软只是柔，或者说柔中无刚。从性能上看，韧是在幅度中还含有速度和力量的因素，即在做大幅度动作时，肌肉仍能快速有力收缩，既能变曲又能迅速伸直；而柔软是幅度大，却缺乏速度和力量，做动作时软绵绵的，打得开却收不拢。体育运动中需要柔韧性而不是柔软性。

柔韧素质从其与专项的关系看，可分为一般柔韧性与专项柔韧性。一般柔韧性是指为适应一般技能发展所需要的柔韧素质；专项柔韧性是指专项运动特殊需要的柔韧性，由于专项柔韧性是具有较强选择性的，因此，同一身体部位具有的柔韧性由于项目的需求不同，在幅度、方向等表现上也有差异。

柔韧素质从其外部运动状态的表现看可分为动力性柔韧性和静力性柔韧性。动力性柔韧性是指肌肉、肌腱、韧带根据动力性技术动作需要，拉伸到解剖学允许的最大限度的能力，随即利用强有力的弹性来完成所要完成的动作。所有爆发力前的拉伸均属于动力性柔韧性。静力性柔韧性是指肌肉、肌腱、韧带根据静力性技术动作的需要，拉伸到动作所需要的位置角度，控制其停留一定时间所表现出的能力。如体操中的控腿、俯平衡、“桥”、劈叉等，跳水运动员保持体前屈的姿势等就是这种能力的体现。动力性柔韧性建立在静力性柔韧性的基础上，但必须要有力量素质的表现。静力性柔韧性好，动力性柔韧性不一定好。

对柔韧的训练可分为主动柔韧性训练和被动柔韧性训练两种。

主动柔韧性训练是指运动参与者依靠相应关节周围肌群的积极工作，完成大幅度动作的能力。主动柔韧性训练培养运动参与者的柔韧能力，也起到发展力量素质的作用。例如训练正、侧、后踢腿时，要求运动参与者的腿能踢得高、幅度大、速度快而有力，达到既有柔性又有韧性的效果。力量素质的发展又能促进主动柔韧性水平的拉高。

被动柔韧性训练是指运动参与者被动用力（或借助外力）时，关节所能达到的最大活动幅度，如压腿、扳腿等练习。被动柔韧性训练是发展主动柔韧性的基础。

专家提示

柔韧素质训练的方法

柔韧素质训练应注意主动拉伸与被动拉伸相结合。

主动的动力拉伸练习是依靠自身的力量，将肌肉、肌腱、韧带等软组织拉长，提高其伸展性的方法，如踢腿练习，可采用负重和不负重的拉伸练习。

主动拉伸还可采用静力拉伸练习法，在动作最大幅度的情况下，依靠自身肌肉力量保持静止姿势，如在把杆上做控腿、“探海”、“冲天炮”等动作时，在规定时间内保持静止不动姿势，是提高肌肉控制能力的有效办法。

被动拉伸练习法是依靠外力的作用，促使关节灵活性增大的方法。

被动的动力拉伸练习是依靠老师或同伴的助力拉长韧带、肌肉的练习，如依靠同伴的助力逐渐提高后踢腿或前踢腿的动作幅度。

被动的静力拉伸练习是由外力来保持固定姿势，如依靠同伴的力量来保持高举腿的最大幅度。

第六节　灵敏素质训练

运动箴言

运动好比灵芝草，何苦去把仙方找。人怕不动，脑怕不用。

灵敏素质是指迅速改变体位、转换动作和随机应变的能力。

灵敏素质是指人体在各种突然变化的条件下，能够迅速、准确、协调、灵活地完成动作的能力，是人各种运动技能和身体素质在运动中的综合表现。大脑皮层神经活动过程的灵活性及综合分析能力，是灵敏素质的重要生理基础，因此可通过训练改善和提高各感觉器官功能，以增强灵敏素质。此外，在体育锻炼的实践中，掌握的运动技能越多就越熟练，大脑皮层中暂时神经联系的接通就越迅速、准确，动作也越灵巧。灵敏素质是运动技能、神经反应和各种素质的综合表现。在对抗性体育活动中（如篮球、足球等），灵敏素质是非常重要的。灵敏性是人体各种运动能力在运动过程中的综合体现，良好的灵敏性不但有助于更快、更多、更准确、更协调地掌握技术和练习手段，而且可使已有的身体素质充分、有效地运用到实践中去。

专家提示

发展灵敏素质的方法

由于灵敏素质是人体综合能力的表现，发展灵敏素质必须从全面发展身体素质的综合能力入手，重点培养掌握动作的能力、反应能力、平衡能力等。主要练习方法有：

（1）固定转换体位的练习，如各种穿梭跑、“8”字跑和折返跑等，这些练习主要发展人体的基本灵敏能力。

（2）在跑、跳中做迅速改变方向的各种跑、躲闪、突然起动以及各种快速急停和迅速转身等练习。

（3）突然发出各种指令信号，练习者接收信号后，迅速做出应急反应. 这种方法主要是提高人体应用灵敏的能力。

（4）器械、体操、武术中的一些复杂动作练习，以及速度、动作、力量、高度、方位等经常变化的不对称练习和各种球类活动。

（5）复杂多变的综合练习，如用“之”字跑、躲闪跑、穿梭跑和立卧撑四项组成的综合性练习。

（6）专门练习，如立卧撑跳转 180 度连续进行、上步纵跳、左右弧线助跑、单腿起跳、旋转 360 度连续进行等。

（7）变速和变向练习，如在跑、跳过程中快速、协调、准确地完成各种动作，如变向、变速、急停、急起、转体等。

（8）其他方式的练习。按各种信号做出应答反应的游戏和各种变向的追逐游戏，专门设计的各种复杂多变的练习，如躲闪跑、穿梭跑等。

实践与探究

1. 有氧运动需要注意什么？
2. 如何发展 100 米跑的能力？

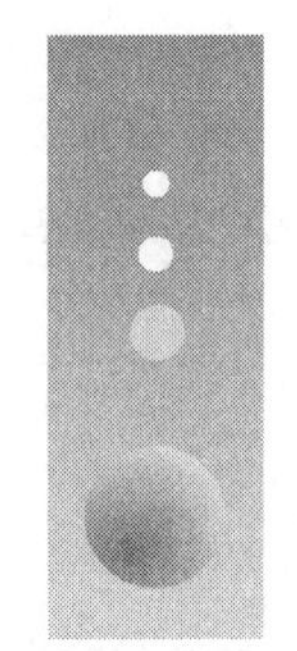

第五章　田径运动

教师寄语

参加田径运动会的意义有：可以强身健体，娱乐自身；有助于培养勇敢顽强的性格、超越自我的品质、迎接挑战的意志和承担风险的能力；有助于培养竞争意识、协作精神和公平观念。

第一节　田径运动概述

运动箴言

民族复兴，体育同行。

“少年强，则国强”，新青年要“文明其精神，‘野蛮’其体魄”。

一、田径运动的含义

《世界田径大全》一书对田径运动解释为：田径运动由走、跑、跳、投所组成，分为田赛与径赛两个部分，田赛是在专门场地上举行的比赛项目，径赛是在跑道或公路上等举行的比赛项目。此外，由部分跑、跳、投掷项目组合的综合项目，用评分办法计算成绩的叫作全能运动。《田径史话》一书对田径运动解释为：田径运动是人类从跑、跳、投这些自然运动而发展起来的体育运动和竞技项目。

国际业余田径联合会（以下简称国际田联）对田径运动的定义为：田径运动是由田赛和径赛、公路赛、竞走和越野赛组成的运动项目。

目前，田径运动由三大类项目组成：径赛（跑步、竞走）、田赛（跳跃、投掷）和全能比赛。其中，以时间计算成绩的竞走和跑的项目为径赛；以高度和远度计算成绩的跳跃、投掷项目称为田赛；由跑、跳、投部分项目组成的、用评分计算成绩的项目称为全能项目。

二、田径运动的分类和项目

田径运动分为竞走、跑、跳跃、投掷和全能五个部分。田径运动比赛项目一般又按照以上五个部分将大型田径运动会男、女比赛的多个单项分类，还有青少年比赛项目的分类。

一般的田赛项目有：100 米、200 米、400 米、100 米栏、110 米栏、400 米栏、4×100 米接力、800 米、1 500 米、3 000 米、5 000 米、3 000 米障碍、4×400 米接力、5 000 米竞走、10 000 米竞走、跳高、撑竿跳高、跳远、三级跳远、铅球、铁饼、标枪、链球、七项全能、十项全能。

三、田径运动场

田径运动场地是伴随着田径运动的发展演变而来的。半圆式田径场可以最大限度地适应运动员的跑步节奏，因而被世界各国广为采用。

（一）规格

国际田联公布的田径规则对田径运动场有明确的规定和严格的要求：

（1）标准的田径运动场是 400 米的半圆式场地；

（2）标准的竞赛场周长是 400 米，8 条跑道，每条分道宽 1.22～1.25 米，所有分道线宽为 5 厘米，跑道左右倾斜度不得超过 1∶100，跑进方向的上下倾斜度不得超过 1∶1 000。

（二）画线

田径运动场中的画线比较复杂，需严格遵循相关标准。精准的画线是准确测量和计算成绩的前提条件。画线包括分界线、直道延长线、内外突沿、分道线、跑道丈量线和终点线等。

1. 分界线

分界线即直道与弯道的分界。标准田径场一般直道为 8～10 条分道，弯道为 8 条分道，整个跑道道宽为 9.76 米。

2. 直道延长线

目前常用的田径场地的直道只有 84.39 米，在直道竞赛项目 100 米跑中，起跑线后要留有活动的余地，终点线须设有运动员冲过终点的减速距离，因此，两条直道的两端应分别延长 30～35 米。

3. 内外突沿

内外突沿是跑道内外边沿的突起部分。内外突沿的宽度为 5 厘米，高出地面 5～6.5 厘米，其宽度不计算在跑道的宽度之内。

4. 分道线

400 米以下的各项竞赛，均采用分道比赛的方法，每条跑道宽度为 1.22～1.25 米，分道线宽 5 厘米，各分道右侧（即外侧）的分道线应包括在该跑道之内。

5. 跑道丈量点

第一跑道的丈量点应在离内突沿外侧 30 厘米处，其他跑道的丈量点均在分道线外 20 厘米处，这些丈量点的连线即为该跑道的实跑线。

6. 终点线

在正式比赛中，各项竞赛的终点线都在固定的同一地方，通常是第一分界线。终点线宽 5 厘米，不包括在跑程之内。

田径运动场示意图见图 5-1、图 5-2。

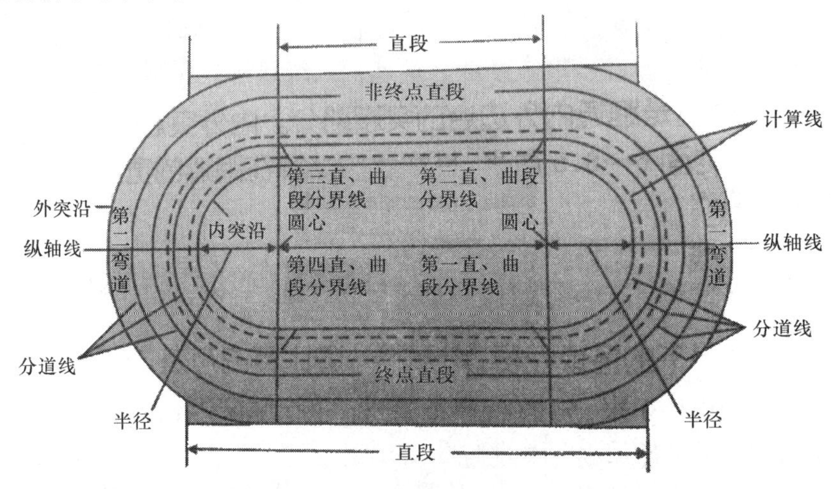

图 5-1 田径运动场示意图（一）

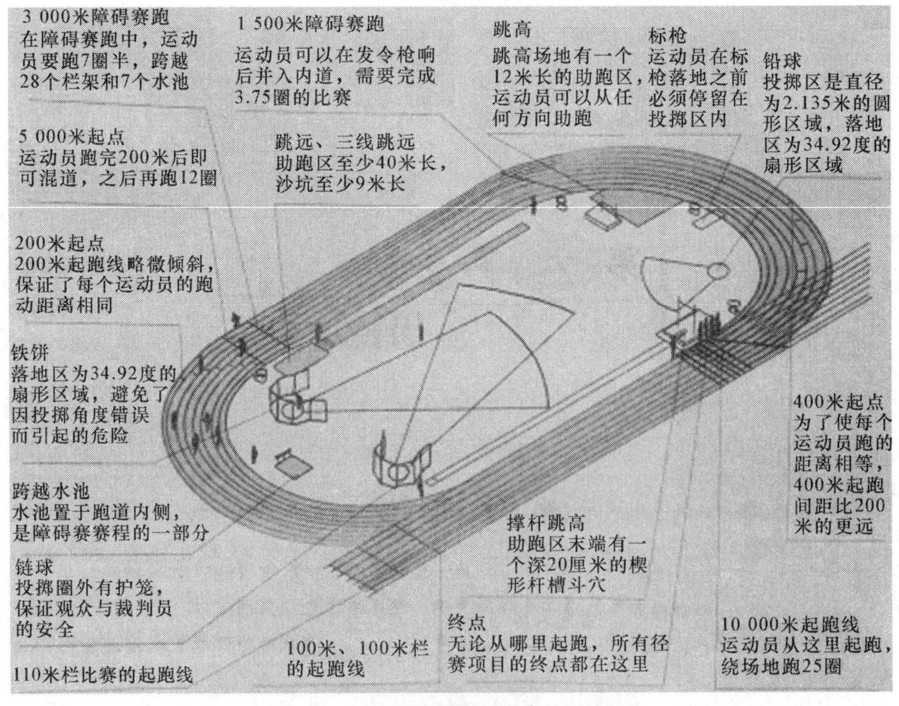

图 5-2 田径运动场示意图（二）

非标准田径场通常为半圆式 300 米、250 米、200 米跑道，也有周长为 400 米非半圆式的。半圆式 300 米跑道：内弯道半径为 26.76 米时，两弯道长 170 米，两直道长 130 米；内弯道半径为 28.35 米时，两弯道长 110 米，两直道长 120 米。半圆式 250 米跑道：内弯道半径为 21.98 米时，两弯道长 140 米，两直道长 110 米；内弯道半径为 25.16 米时，两弯道长 160 米，两直道长 90 米。半圆式 200 米跑道：内弯道半径 18.799 米，两弯道长 120 米，两直道长 80 米。第一分道长度计算，以内突沿外缘外延 30 厘米为准。

第二节 跑的基本技术

运动箴言

运动除了能强身之外，更能使一个人精神保持清新。

一、短跑

在田径运动的成人组比赛中，短跑包括 100 米、200 米、400 米。短跑通常是观众关注的焦点项目。

短跑一般可以分为以下几个阶段：起跑、加速跑、途中跑、终点冲刺以及弯道跑。

（一）起跑技术

1. 站立式起跑技术

站立式起跑技术是田径运动径赛起跑方式之一，适用于中长跑、初学者及少年儿童。听到“各就位”口令后，运动员走近起跑线，两脚前后开立，较有力的腿在前，两腿屈膝，上体略前倾，重心移至前腿，异侧臂在前、同侧臂在后维持身体平衡。听到发令枪声后，两腿即用力蹬地，两臂配合做积极有力的向前、后摆动，使身体迅速向前冲出。上体前倾与屈膝程度，根据腿部力量与掌握技术的情况而定。

站立式起跑简单易学，是在中小学短跑的体育教学中常用的一种起跑方式，较蹲踞式起跑比较容易掌握，但容易抢跑犯规。在正式比赛中，站立式起跑用于 800 米及以上径赛项目。

短跑的站立式起跑见图 5-3。要点分为两个阶段：第一，各就位口令；第二，鸣枪。

各就位口令要求：运动员上道，两脚前后开立与肩同宽或微比肩宽，有力腿在前（有力腿蹬地），左右脚尖对准起跑线后沿，两脚尖向前，眼睛紧盯前脚，使注意力不分散。站立好后，屈膝，重心下降同时向前移动，重心要保持在两腿之间，两膝盖微微内扣，两脚由全脚掌支撑过渡到前脚掌支撑，两手臂自然前后摆放，前脚的异侧手在体前（注意不要同手同脚）。

鸣枪要求：听到枪响后，两腿与手臂快速蹬摆，保持低重心小步幅高频率向前（注意不要突然抬头或提高重心）。

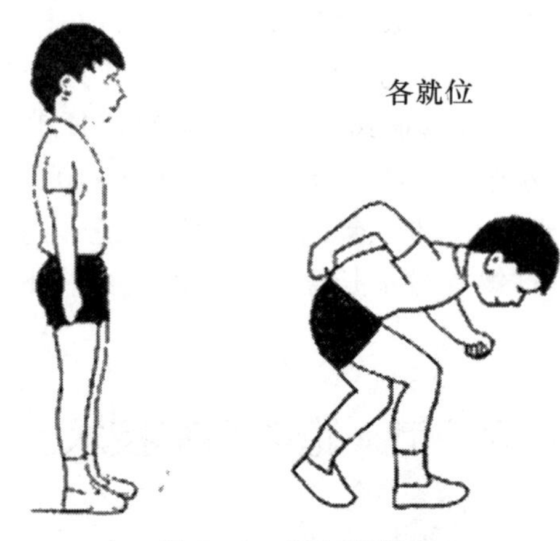

图 5-3　站立式起跑

2. 蹲踞式起跑技术

起跑时，运动员以保持身体的平衡和获得最大速度为目的。蹲踞式起跑图见图 5-4。

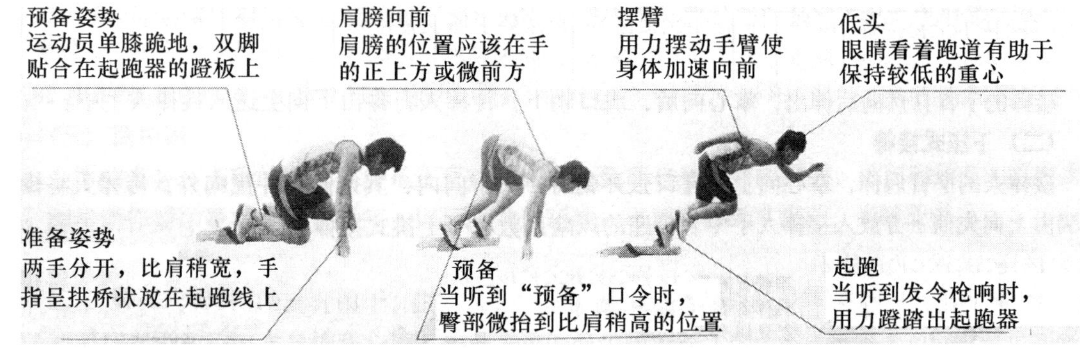

图 5-4　蹲踞式起跑

（二）加速跑技术

起跑后的加速跑中，起主要作用的是后蹬动作，此时的支撑时间是最高跑速时支撑时间的 1.5～1.8 倍，利用较大的摆动半径使身体获得较大的水平加速度。起跑后的加速跑阶段，运动员步幅逐渐加大，上体逐渐抬起，在 30 米左右完全抬起。

（三）途中跑技术

途中跑是径赛技术名词，是指经起跑、起跑后加速跑转入高速度跑的一段跑程，是全程跑中距离最长的阶段。

一般 100 米跑项目中，途中跑距离为 55～60 米；400 米跑项目中为 300～320 米；1 500 米跑项目中为 1 200 米左右。跑的周期由支撑阶段和腾空阶段组成。运动员支撑腿前脚掌落地支撑，迅速有力蹬直，为身体重心快速腾起和摆动腿的充分摆动创造有利的条件。同时摆动腿的快速摆动又能给予后蹬动作以积极的影响。前进时，上体保持正直，或稍前倾，两臂做前后摆动，配合腿部动作，保持跑动中的平衡。短跑的途中跑呈现出明显的快速并富有力感；中长跑则表现为自然、协调，富有节奏感。

（四）终点跑技术

终点跑就是终点冲刺跑，是全程跑中最后一个跑程。跑进中运动员应尽全部力量，加强后蹬力和加快摆腿与摆臂的速度，运动员一般在距终点线 15～20 米处开始冲刺，在离终点线前约 1 米距离，上体迅速前倾以胸部或肩部撞线，并顺势跑过终点。跑过终点后，逐渐减慢跑速。终点跑距离的长短，应根据径赛项目特点和运动员训练水平而定。通常 100 米跑项目冲刺跑距离为 15～20 米；800 米跑项目为 250 米左右；1 500 米跑项目为 300～350 米；3 000 米以上跑项目为 400 米左右。

（五）弯道跑技术

弯道跑是指 200 米及以上径赛项目中在弯道上的跑进。运动员为改变向前做直线运动的惯性，须变换身体和腿、臂的动作方向，以适应弯道跑进。通常采取身体向左倾斜姿势，以产生向心力。跑速越快，内倾程度越大，右腿前摆时膝关节稍内扣，并以前脚掌内侧着地；左腿前摆时，膝关节稍朝外，用前脚掌外侧着地。右臂摆动力量和幅度应大于左臂。弯道跑技术为 200 米跑、400 米跑及 4×400 米接力跑的主要技术之一。

二、接力跑

接力跑集短跑的激烈性与交接棒的戏剧性于一身，比赛中 4 名运动员必须在规定的接力区交接接力棒（见图 5-5）。常见的接力比赛为 4×100 米和 4×400 米两个项目，男子和女子都有这两个项目。男子 4×400 米接力比赛一般是大型赛事项目的最后一项。

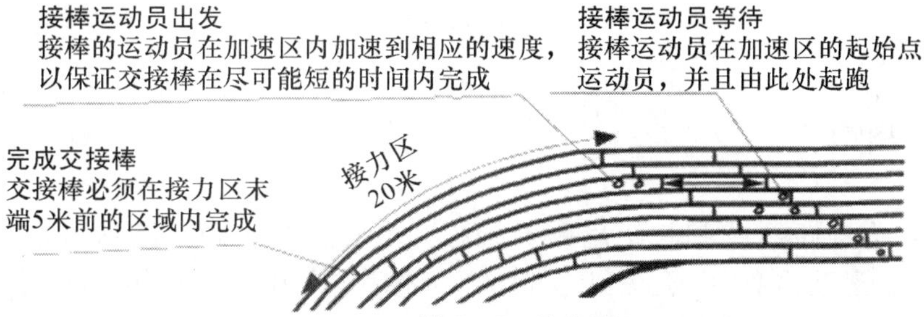

接棒运动员出发
接棒的运动员在加速区内加速到相应的速度，以保证交接棒在尽可能短的时间内完成
接棒运动员等待
接棒运动员在加速区的起始点等待传棒运动员，并且由此处起跑
完成交接棒
交接棒必须在接力区末端5米前的区域内完成
接力区
20米

图 5-5　接力区

接力跑通常在常规的赛道中进行，由于径赛跑道内道周长与外道周长是不相等的，无论是 4×100 米接力还是 4×400 米接力，起跑线都前后交错分布。最内道的运动员是在终点线起跑，而其他运动员则在前方指定位置起跑。在 4×400 米比赛中，起跑线交错间距更大。

接力跑要领见图 5-6，接棒方法有以下两种（见图 5-7）：

（1）上挑式接棒：接棒人手臂自然向后伸出，掌心向后，虎口张开朝下，传棒人将棒由下向上挑，送入接棒人手中。

（2）下压式接棒：接棒人的手臂后伸，掌心向上，虎口张开朝后，拇指向内，其余四指并拢向外，传棒人将棒的前端由上向前下压，放入接棒人手中。下压式的优点是接棒后不必再调整持棒手的位置。

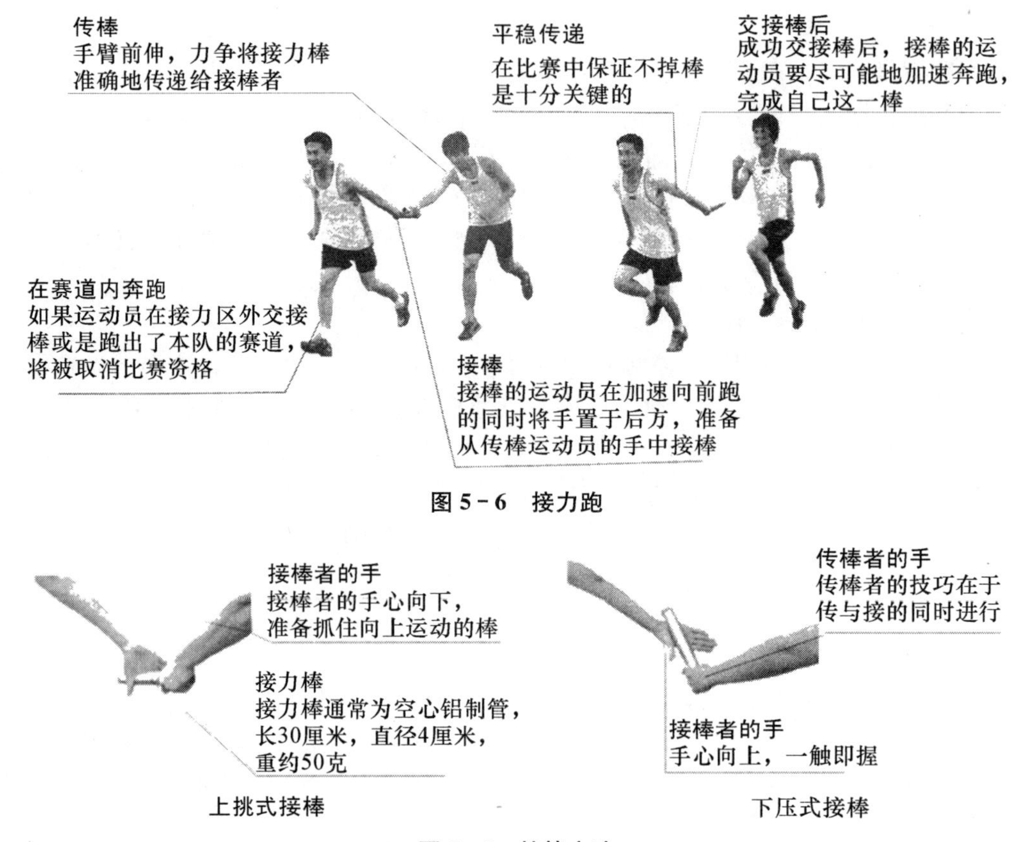

图 5－6　接力跑

图 5－7　接棒方法

三、中长距离跑

中长距离跑，为中距离跑和长距离跑的统称。最常见的中距离跑项目是 800 米和 1 500 米跑，在田径运动比赛中，通常还包括 3 000 米障碍。在 800 米跑中运动员要绕 400 米跑道跑两圈，由于道次的不同，选手从不同的位置出发，而且在第一个弯道（大约 100 米）前不能并道，800 米需要速度和耐力。1 500 米项目要求运动员绕标准跑道跑 3.75 圈。

长距离跑项目包括 5 000 米，10 000 米、越野跑和马拉松。其中 5 000 米、10 000 米和马拉松是奥运项目。5 000 米和 1 000 米在田径运动场的跑道上进行，而马拉松则在东道主城市的街道举行。有一些 5 000 米和 10 000 米在公路上进行，此种比赛又称为 5 公里跑和 10 公里跑。

四、跑的技术原理

（一）起跑

中距离跑起跑采用半蹲踞式或站立式，长距离跑采用站立式起跑。

（二）合理的呼吸

中长跑技术中很重要的一点是合理的呼吸。正常跑速时 3 步 1 呼、3 步 1 吸；跑速加快时 2 步 1 呼、2 步 1 吸；冲刺时 1 步 1 呼、1 步 1 吸。

（三）途中跑

上体的姿势：正确的上体姿势是正直或稍前倾，头部自然，两眼平视，面部和颈部的肌肉要放松；脚步动作要尽量减少腾空时间，以后脚掌先落地，迅速向前脚掌滚动，步幅适中。

（四）摆臂动作

中长跑时，两臂稍微离开躯干，肘关节自然弯曲，以肩为轴前后自然摆动，摆幅要适当。

（五）速度与战术

中长跑运动员需要在身体和心理上积蓄力量，冲刺跑阶段比较长，在比赛中速度和战术都是十分重要的。

五、提高跑的运动成绩的方法

（一）快跑能力

1. 提高快跑能力的练习

（1）提高步频。

步频就是一定时间内的步数。步频越快，速度越快。步频有一定的遗传性，但青少年学生可以通过练习适当提高。另外，改进动作、增加力量、放松身体都可以提高步频。

（2）提高步幅。

步幅就是指步子的大小。提高快跑的能力其实就是发展大步幅、高步频奔跑的能力。步幅的大小与腿摆动力量和有力的蹬地有关。提高步幅的练习主要是围绕前腿摆动、后腿蹬地的力量和技术进行。

（3）发展大、小腿力量和臂膀的力量。

无论步频还是步幅都与腿部和臀部的力量有直接的关系，发展大、小腿力量和臂膀的力量是实现快速的步频、积极的前摆腿、充分的后蹬腿的基础。

2. 发展快跑能力的练习

（1）快速反应练习。以不同姿势准备，听到口令或击掌声后迅速向指定的方向跑出。

（2）最快频率的各种形式高抬腿跑（持续时间 5～10 秒）。大腿抬平，小腿自然下垂，然后大腿积极下压，前脚掌落地，支撑关节伸直，见图 5－8。

（3）最快频率小步跑、半高抬腿跑（距离 30～40 米）。上体保持正直，摆动腿大腿抬起，然后积极下压，小腿随大腿下压动作自然伸直，前脚掌着地，做扒地动作。

（4）快速后蹬跑（距离 50～100 米）。上体稍前倾，支撑腿快速有力蹬伸，摆动腿向前摆出，然后大腿积极下压，用前脚掌着地。要求重心平稳，速度快。

图 5－8　高抬腿跑

（二）长跑能力

1. 提高长跑能力练习

（1）中长跑练习。

对大多数人来说，长跑是一项即枯燥又艰苦的运动，但是它也是锻炼综合素质的最好方法之一，因此需培养坚持不懈、持之以恒的心理品格。一般来说，采取跑步健身的人，要想达到一定的训练效果，须达到三个基本指标：持续时间 20 分钟以上；心率 120 次/分钟以上（成年人）；频率每周 3 次以上。

（2）掌握好呼吸方法。

初次参加中长跑练习的人，应掌握正确的呼吸方法。刚开始跑时可在自然的情况下加深呼吸，呼吸的节奏要和跑的节奏相配合。一般是跑两三步一呼气、跑两三步一吸气，并有适宜的呼气深度。随着疲劳的出现，呼吸的频率有所增快，用鼻吸，用口呼，减少呼吸道阻力。

2. 发展长跑能力的练习。

（1）（跑 200 米＋走 100 米）×5 组练习。

（2）以中等速度跑 3～5 分钟或 600～1 000 米。

（3）1 000 米变速跑（快跑 100 米＋慢跑 100 米交替进行）。

（4）跑 200 米、300 米或 400 米后，休息 3～5 分钟再练习。

（5）在公路或自然环境（如乡间小路、山地、沙丘、林间）中跑 20～30 分钟。

第三节　跳的基本技术

运动箴言

努力发展体育事业，把我们的国民锻炼成为身体健康、精神愉快的人。

一、跳远技术

跳远是最古老的田径运动项目之一，包括男子跳远和女子跳远。在这种技术含量较高的比赛中，比试的是谁从助跑后腾空跳跃的距离最远。跳远有五大要素：快速的助跑、对最后两个跨步精确的衡量、爆发性的起跳、空中飞跃和平衡落地。

跳远的 3 种主要姿势是：蹲踞式、挺身式和走步式。姿势不分好坏，选择其中最适合自己的一种才是最重要的。

（一）蹲踞式跳远

蹲踞式跳远是跳远最基础的技术。运动员跳跃起来时在空中通过手臂摆动维持身体平衡。手臂动作顺序是，先向下，然后向后，再向上，最后向前。落地的时候，运动员应使身体尽量前倾，这样就能保证落地点尽可能远。蹲踞式跳远见图 5－9。

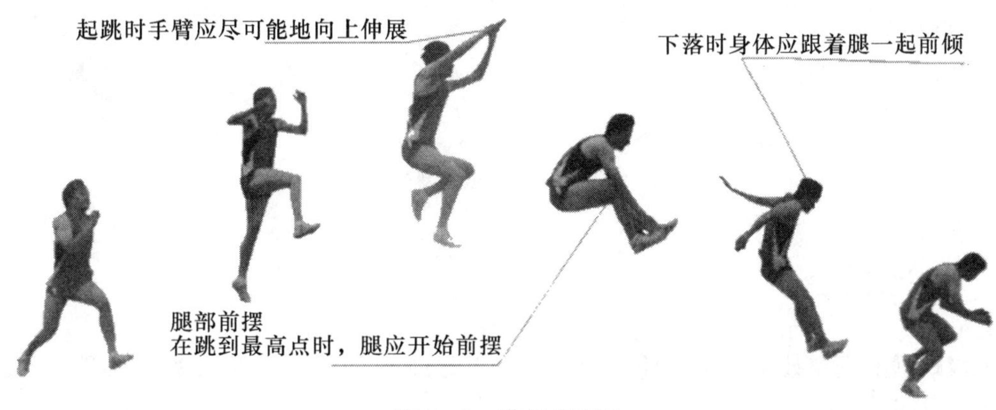

图 5－9　蹲踞式跳远

（二）挺身式跳远

挺身式跳远中，运动员从起跳到达最高点即准备下落的时候，四肢要始终张开，这是防止身体后仰并取得好成绩的重要保证，见图 5－10。

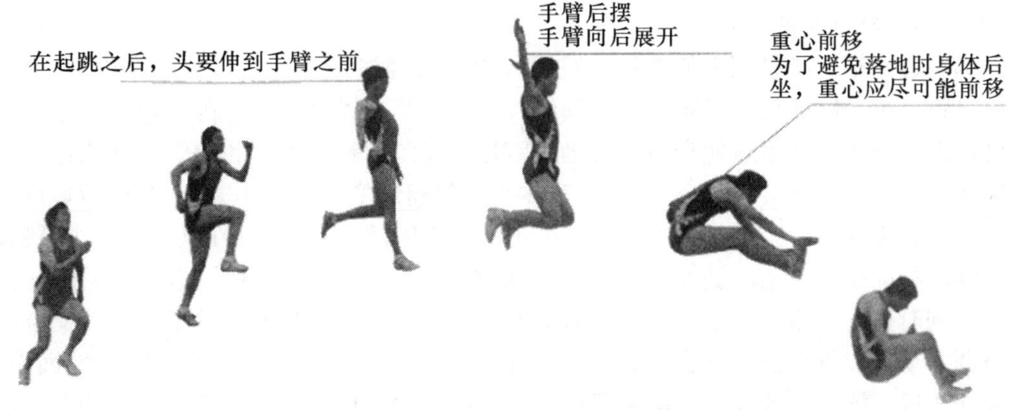

图 5－10　挺身式跳远

（三）走步式跳远

走步式跳远技术是最难掌握的，但恰恰是高水平运动员最常使用的。运动员的双腿在空中摆动，使身体尽量向上形成弧线，落地时脚先着地，然后身体前倾，以防身体落到沙坑后向后仰，见图 5－11。

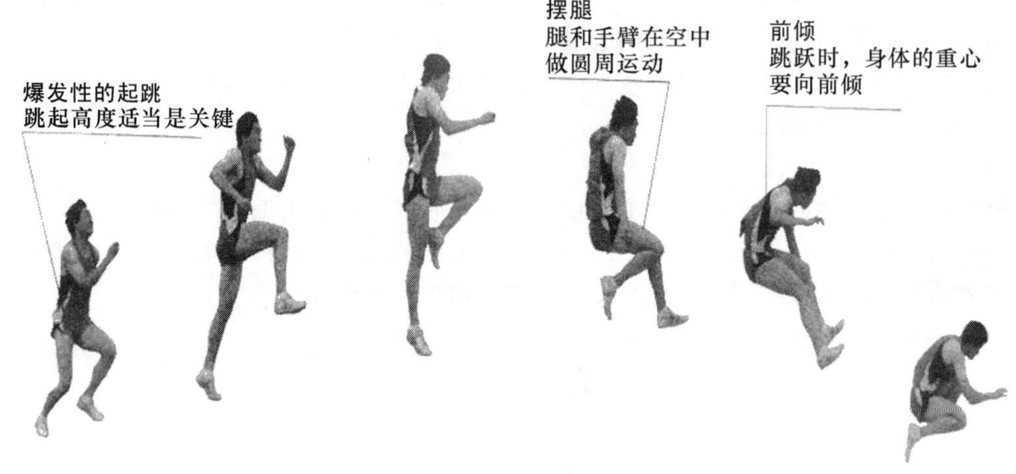

图 5－11　走步式跳远

二、三级跳远

三级跳远的完整技术是由助跑、第一跳（单足跳）、第二跳（跨步跳）和第三跳（跳跃）四部分组成。

（一）助跑

三级跳远助跑基本上和跳远相似。不同的是：三级跳远的第一跳不像在跳远中那样强调获得高度，最后几步助跑时上体可稍前倾。助跑的距离可根据学生情况灵活掌握，一般可跑 12～14 步。

（二）第一跳（单足跳）

三级跳远的第一跳是用力的腿做起跳腿。起跳后经过空中交换腿的动作再用它落地，完成单足跳。第一跳的任务是既要获得远度，又要为第二跳做准备。因此，要尽量加快起跳速度，以保持水平速度，使身体重心迅速前移，起跳的蹬地角度和腾空角度均比跳远要小。起跳时腿的蹬地角度为 60～65 度，身体重心腾起角度为 16～18 度。起跳后，形成一个腾空步。在腾空步中，上体正直，保持一定的腾空时间。在腾空步的后半段，起跳腿以大腿带动小腿前摆，与摆动腿交换，称为“腾空步”。其动作要求是，起跳腿屈膝向前上方摆动，同时摆动腿由上向下、向后摆动，形成“交换步”。上体稍前倾，两臂配合腿的动作协调摆动，以维持身体平衡。在“交换步”后，起跳腿继续前摆至大腿与地面平行，然后大腿积极下压，由前向下、向后积极以“刨地式”落地，异侧臂由前向后侧摆，准备第二跳的起跳。

（三）第二跳（跨步跳）

三级跳远的跨步跳是以单足跳的落地腿为起跳腿。第一跳落地后，上体保持正直，膝关节尽量保持挺直。此时，摆动腿由后向前积极屈膝上摆，两臂协调配合由后侧向前上方摆动，同时，起跳腿快速有力蹬地，积极送髋，完成第二跳。在第二跳腾空的后半段，摆动腿继续向上摆动至大腿与地面平行或稍高，起跳腿仍然在身后弯曲，上体稍前倾。两臂同时成弧形由上向下、向后侧方摆动，快落地时，两臂已摆至身体的后侧方。摆动腿开始迅速而积极做“刨地式”的落地，准备第三跳。

（四）第三跳（跳跃）

三级跳远的第三跳是以跨步跳的落地腿为起跳腿，在摆动腿和双臂摆动的配合下完成起跳动作。腾空动作一般为蹲踞式，也可以采用挺身式或走步式。准备落地时，在两臂用力向体后挥摆动作的配合下，两腿尽量高抬，并尽可能地向远处伸腿。落地时，屈膝前倒，两臂同时向体前摆动。

三、提高跳远运动成绩的方法

（一）提高跳的能力练习

1. 提高大腿、小腿和腰腹力量

跳跃能力主要取决于腿部的力量。以向前为主的跳跃对踝关节的力量要求更高一些；以向上为主的跳跃对膝关节的力量要求更高。有些运动的跳跃，如篮球，既要向上又要向前，不仅对膝、踝关节的力量要求高，对腰腹力量也有较高的要求。

2. 提高协调性

尽管走、跑、跳是人类最基本的活动能力，但运动中许多跳跃动作是日常生活中少有发生的。因此发展跳跃能力，除了提高腿部等力量外，还需要做一定的协调性练习。

3. 与专项运动相结合

发展跳跃能力，还需要与专项运动练习相结合，不同运动有不同的跳跃方法，在用力的先后顺序上、身体的配合上、动作结构上都有变化。只有采用与专项技术结构相同的练习才能有效地发挥自身潜在的身体素质。

（二）发展跳远能力的练习

（1）2～3 步助跑踏跳板接跳箱：距离跳板 2～4 米站立，上 2～3 步踏跳板，另一只腿踏上跳箱，用力蹬伸跳起，成挺身姿势后两腿迅速并拢，收腹举腿落地（见图 5－12）。

（2）原地弓步并腿跳：弓步站立，两臂向前上方摆起，用力蹬地向上跳起，两腿迅速并拢，收腹落地（见图 5－13）。

（3）原地立定跳杆：杆高度为 30 厘米左右，人距杆 60 厘米处站立，起跳后两腿尽量向胸前靠，使两腿越过杆。两腿向前伸，落入沙坑（见图 5－14）。

（4）连续跳跳箱，动作见图 5－15。

（5）向前单足跳：左腿（或右腿）连续向前大幅度单足跳远，两臂前后配合摆动（见图 5－16）。练习时左右腿交换数次。

图 5－12　2～3 步助跑踏跳板接跳箱

图 5－13　原地弓步并腿跳

图 5－14　原地立定跳杆

图 5－15　连续跳跳箱

图 5－16　向前单足跳

（6）负重杠铃半蹲跳：负重 30～60 千克的杠铃蹲跳连续进行。

（7）多级跳：全蹲或半蹲，身体伸直，两腿用力蹬地向前跳进（见图 5－17）。连续进行练习。

（8）立定跳远。

1）上步挺身跳：跑 1～2 步，双腿起跳，空中做直腿挺身动作，髋关节完全打开，做出背弓动作，落地时屈膝缓冲，见图 5－18。

2）团身收腹跳：从原地直立开始跳，空中做屈腿抱膝动作或双手在腿前击掌，落地时一定要屈膝缓冲，越过一定高度兼远度或一定远度兼高度，见图 5－19。

3）原地两级蛙跳：原地两脚开立，协调预摆几次，两臂及两腿用力蹬伸摆动，收腹举腿前伸落地，接着连续蹬伸进行第二次跳跃，见图 5－20。

图 5－17　多级跳

图 5－18　上步挺身跳

图 5－19　团身收腹跳

图 5-20 原地两级蛙跳

四、跳高

跳高是田径运动赛事中必设的比赛项目。运动员通过助跑、起跳等技术动作越过横杆。跳高对身体和技术都有很高的要求，要求具有良好的速度、柔韧性、协调性。

（一）跳高的跳法

1. 跨越式跳法

20 世纪 60 年代后期，跨越式跳法较为常用。

动作要领：助跑动作轻松、自然、有弹性，最后一步稍小，速度快；起跳迅速蹬伸髋、膝、踝关节，躯干伸展充分，见图 5-21（a）。

动作重点：助跑与起跳相结合的技术。

动作难点：过杆技术。

动作易犯错误：助跑节奏差，步点不准确；跳不起，摆不起；过杆时上体太直，臀部下坐碰杆；过杆时屈腿，脚或小腿碰杆；助跑与起跑脱节。

2. 俯卧式跳法

俯卧式跳高是急行跳高姿势之一，身体各部位在空中以俯卧姿势依次越过横杆，见图 5-21（b）。侧面助跑，用靠近横杆的腿起跳。腾空后，摆动腿小腿越过横杆，摆动腿和同侧臂沿着横杆平行方向前伸内旋，肩向内扣，转体成俯卧杆上姿势，随即起跳腿屈膝上收，两臂靠近躯干，头和摆动腿一侧肩下潜，髋部迅速扭转，起跳腿翻转，使身体尽快越过横杆。过杆后，以摆动腿和两臂落垫。

3. 背越式跳法

背越式跳法见图 5-21（c），动作要领如下：

（1）助跑：直线转弧线，弧线助跑以外侧的前脚掌内侧着地，摆动侧肩并领先于起跑侧肩，身体内侧，后两步加速起跳。

（2）起跳：倒数第二步采用“硬撑式”的快速摆动，摆动腿向上稍内屈摆动，膝比踝靠内，摆动侧髋高于起跳侧髋，起跳腿积极着地，肩侧背对横杆。

（3）过杆：以头与脊椎冲向横杆上方，头部过杆后，两臂由肩上方开始向身体两侧下放，当胸部过杆后，积极向上顶髋，两小腿放松下垂，杆上成“桥”动作。

（4）落地：大腿过杆后，以大腿带小腿做甩小腿的动作，低头屈肩伸膝，肩背着垫。

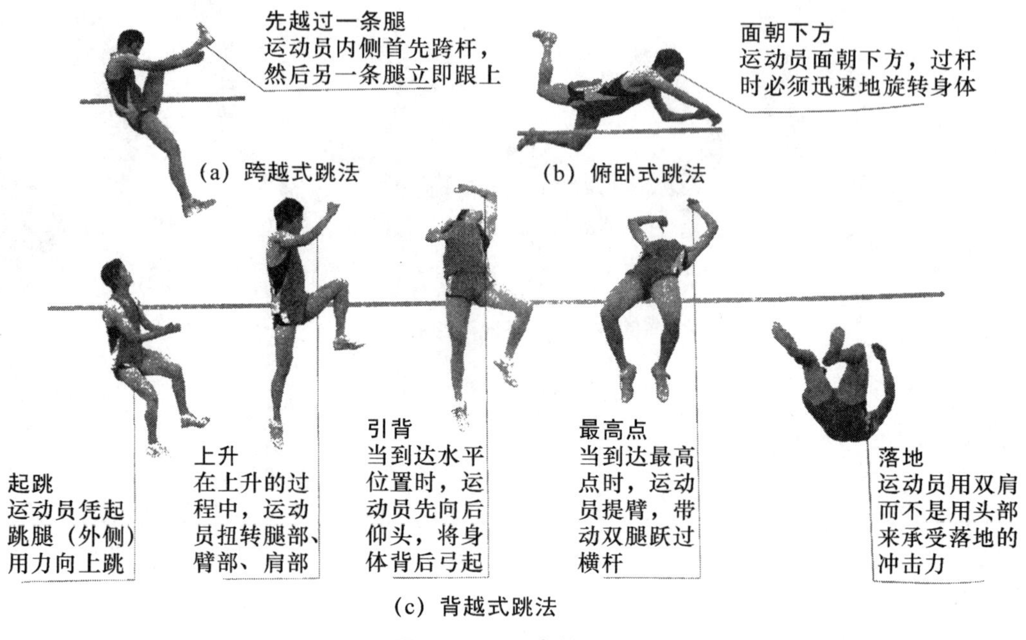

图 5－21　跳高的跳法

（二）发展跳高能力的练习

（1）原地蹲跳起，见图 5－22：半蹲或全蹲，两臂后摆，迅速用力向上快速摆动，两腿用力向上蹬伸，尽可能获得最大的腾空高度。

（2）连续跳跃跳箱，见图 5－23：距跳箱 50～80 厘米处双腿起跳，越过跳箱。

图 5－22　原地蹲起跳　　**图 5－23　连续跳跃跳箱**

（3）连续上步摸高，见图 5－24：上步两臂迅速上摆，两腿用力蹬伸跳起，单手尽量摸空中的标志物。落地后再上跨一步，重复前一动作。

（4）单跳双落起跳后弓步跳，见图 5－25：一腿前迈，另一腿蹬伸用力跳起，并拢落地，接着用力蹬伸向上跳起，空中成弓步，然后并拢落地。

（5）背弓和落地，见图 5－26：背对垫子，原地向后上方跳起，同时倒体挺髋，展体成背弓姿势，然后以肩背落垫。

图 5－24 连续上步摸高

图 5－25 单跳双落起跳后弓步跳

图 5－26 背弓和落地

第四节 投的基本技术

运动箴言

一个埋头脑力劳动的人，如果不经常活动四肢，那是一件极其痛苦的事情。

一、投掷项目介绍

投掷项目有铅球、铁饼、标枪、链球。

（一）铅球

铅球运动（见图 5-27）最早期是采用原地推铅球的技术，后来经过时间的演变，逐渐出现了多种方法，如滑步推、旋转推。用废弃的铅制炮弹代替石头进行模拟训练，是现代铅球的直接起源。

（二）铁饼

铁饼运动（见图 5-28）起源于公元前 12—前 8 世纪古希腊人投掷石片的活动，铁饼最初为盘形石块，后逐渐采用铜、铁等金属制作。掷铁饼技术经历了原地投、侧向原地投、侧向旋转投、背向旋转投几个发展过程。

图 5-27 铅球

图 5-28 铁饼

（三）标枪

标枪运动是比较复杂的多轴性旋转项目。枪杆为木质（或金属制），中间粗，两头细，前端安装尖的金属头。它的完整技术是：由肩上持枪经过一段预先助跑连接投掷步后获得动量，通过爆发式的最后用力作用于标枪上，将标枪经肩上投出去（见图 5-29）。

（四）链球

链球的球体用铁或铜制成，上面安有链子和把手。运动员两手握着链球的把手，人和球同时旋转，最后加力使球脱手而出（见图 5-30）。

图 5-29 标枪

图 5-30 链球

二、铅球技术

铅球是一个以力量为基础、以速度为核心的田径投掷项目，主要有背向滑步式和旋转式两种技术。

（一）背向滑步式推铅球

完整的背向滑步推铅球技术可分为握球、持球、滑步、最后用力、跟进动作五个部分，见图 5－31。

图 5－31　背向滑步式推铅球

（1）握球：五指式。铅球重心应置于手的中心。

（2）持球：在最适宜用力部位持球，手臂不低于 45 度。

（3）滑步（重要组成部分）：体重落在右脚上并保持平衡。身体下蹲时亦应保持平衡。滑步时要以整个脚掌承受重心的移动。右脚尽快在身体的下方着地。左臂尽可能拖后，以避免身体过早伸展。上半身要在放松的状态下移动，右脚着地时躯干应扭紧。

（4）最后用力（主要环节）：躯干形成扭紧状态，左臂位于体前，将右腿爆发的蹬力有效地传递给铅球，固定左腿以加大右腿的蹬力。握好球的重心，以最合理的角度推出。

（5）跟进动作：要尽量加大跟进动作幅度以维持平衡，停止身体运动以避免犯规。

（二）旋转式推铅球

旋转推铅球的旋转非常类似于铁饼运动员的旋转，这种旋转能提高铅球运行速度，但也增加了完成技术动作的难度。

小知识

合理的出手角度

投掷不同器械都有它合理的角度，如掷链球的投掷角最大（39°～44°），推铅球次之（38°～42°），掷铁饼再次之（36°～39°），掷标枪最小（30°～40°）。

三、推铅球练习方法

（1）卧推杠铃 30～60 千克，见图 5－32。

（2）站立姿势，快速推举杠铃 15～30 千克。

（3）原地向上推球：两脚开立，右手持球于肩部，掌心朝上托住铅球，两腿弯曲后用力蹬伸，将球向上推出，见图 5－33。

图 5－32　卧推杠铃

图 5－33　原地向上推球

（4）原地向下推球：两脚左右开立，上体前屈，左手在胸前托住铅球，右手掌心朝下，然后迅速向下用力推球，见图 5－34。

（5）原地半侧向推铅球：持球后上体稍后仰，右手臂向后引伸，右腿蹬伸送髋，带动躯干向投掷方向用力将球推出，见图 5－35。

图 5－34　原地向下推球

图 5－35　原地半侧向推铅球

第五节　田径运动规则简介

运动箴言

身体教育和知识教育之间必须保持平衡。体育应造就体格健壮的勇士，并且使健全的精神寓于健全的体格。

一、径赛项目

在田径运动会中，所有赛跑项目（包括跨栏及接力跑）都属于径赛项目。参赛者的名次取决于其身体躯干（有别于头、颈、臂、腿、手或足）抵达终点内侧的垂直线为止时的顺序。径赛成绩相同而影响进入下一赛次时，若情况许可，均予以取录，否则应予重赛。在决赛中成绩同是第一，总裁判有权决定是否重赛，若认为无须重赛，则维持赛果；其他名次成绩相同，无须重赛。

（一）短跑及中、长跑

在国际赛事中，所有 400 米或以下的径赛项目，必须采用蹲踞式起跑及使用起跑器。在“各就位”及“预备”口令之后，参赛者应马上完成有关动作，任何参赛者不能在合理时间内完成有关动作，则属起跑犯规。对起跑犯规的参赛者，直接取消其参赛资格（此例不适用于男子十项全能及女子七项全能比赛）。

400 米以上的竞赛项目，口令只有“各就位”，当所有参赛者均准备妥当及静止后，便可鸣枪开始比赛。

在划分线道进行的径赛项目中，参赛者不得越出其指定之赛道，否则会被取消资格。在任何径赛项目中，若冲撞、突然切入或阻碍其他参赛者，亦会被取消资格。反过来说，若任何参赛者被推或迫离指定之赛道，只要未获得实际利益，不必取消其参赛资格。同样情况，任何参赛者在直道中越出其跑道或在弯道中越出其跑道之外侧，只要没有得益及未有阻碍他人，亦不算犯规。

（二）跨栏

各参赛者必须在自己的线道内完成比赛，而且当参赛者跨越栏架时，若其腿或足从低于栏架顶的水平线跨越，或跨越并非自己赛道上的栏架，均应被取消资格。若裁判员认为参赛者故意以手或足撞倒任何栏架，亦应取消其参赛资格。

(三)接力跑

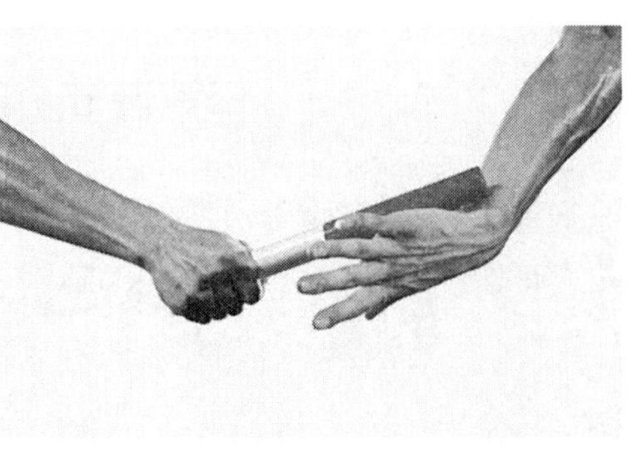

4×100米接力跑是分道进行,接棒者可以在接棒区前10米内起跑。第一棒全程及第二棒的第一弯道是分道跑,第二棒运动员要跑至抢道线后方可自由抢道。第一棒的传接必须在参赛者指定的线道内进行,其余各棒的传接,裁判员会根据第二及第三棒运动员通过200米起点处之先后,按次序安排其第三及第四棒的队友在接棒范围内,由内至外排列等候接棒。所有接棒者均不可以在接棒区外起跑。

接力棒必须拿在手上,直到比赛结束为止。任何人掉了棒,必须由其本人拾回,而且要在不影响别人的情况下,方可越出自己的跑道拾回接力棒。所有接力赛事,必须在接棒区内完成交接棒。"接棒区内"的判定是根据接力棒的位置,而不是根据参赛者的身体或四肢的位置。任何参赛者在传接棒完毕后故意越出跑道以妨碍其他参赛队伍,其队伍可以被取消资格。

二、田赛项目

所有赛跑项目以外的赛事,均属田赛项目。田赛项目又可分为掷类及跳类。

若参赛者同时参加了田赛和径赛项目,或一项以上的田赛项目,而在比赛时间上有所冲突时,田赛项目裁判可让参赛者在每一轮中更改赛前预定的试掷(跳)次序,但每一位参赛者在任何一轮的比赛中,不得有多于一次试掷(跳)的机会(跳高除外)。

用距离决定胜负之田赛项目以参赛者全部试掷(跳)中之最佳成绩计算名次。遇上最佳成绩相同时,应以次佳成绩定胜负,如此类推。若仍无法定出胜负而又涉及竞逐第一名时,则成绩相同者须依原来顺序进行比赛,直至分出胜负为止。

用高度决定胜负之田赛项目,遇上最佳成绩相同时,以最少试跳次数成功越过最后高度之参赛者应获排较前的位置。如仍未分胜负,则全场比赛中试跳失败次数最少(包括最后跳过之高度)之参赛者应获排较前的位置。若仍无法分别胜负而涉及竞逐第一名,虽然有关之参赛者有可能曾经在不同高度做试跳而相继失败,裁判应以其中最低之高度上,再给予一次试跳机会。如仍无法分别高下,则每次升高或降低2厘米让有关参赛者加跳一次,直至能定出胜负为止,而且在此情况下,有关参赛者必须试跳,以便判定名次。不涉及竞逐第一名,则由成绩相同之有关参赛者并列同等名次。

若田赛参赛者无理延误试掷或试跳,便算一次失败,如再次延误比赛,会被取消继续比赛的资格,但之前所创之成绩仍被承认。在正常情形下,每次试掷或试跳的时间不得超过一分半钟,当跳高比赛只剩下二或三人时,此时限应增至三分钟。若只剩下一人时,此时限应增至五分钟。

(一)铅球

参赛者必须在推掷圈内,由静止状态开始,把铅球以单手由肩上推出。在整个推铅球

的过程中，铅球应接触或接近参赛者的下颌，并且不得低于此位置，也不得移至肩线之后。推掷时，参赛者可以触碰推掷圈及抵趾板的内缘，但身体之任何部位若触到推掷圈或抵趾板上缘，或推掷圈外面的地面，均视作试推失败。铅球着地前，参赛者不得离开推掷圈。离开推掷圈时，必须从其后半圆离开。

在推掷过程中，参赛者可以中途停顿，甚至把铅球放下，以及离开推掷圈（但仍要符合上述规定），然后重新由静止位置开始推掷。

铅球必须完全落在扇形着地区角度线范围以内方为有效。丈量时应从铅球着地痕迹之最近端拉向推掷圈之圆心，以推掷圈内缘至铅球着地痕迹近缘之距离为成绩。距离之计算须以 0.01 米为最小单位，不足 0.01 米者应以较低的读数计算成绩。

（二）铁饼

除了投掷方式上的不同外，所有推铅球的规则通用于掷铁饼项目，唯丈量时应以 0.02 米为最小单位，不足 0.02 米者应以较低的读数计算成绩。

（三）标枪

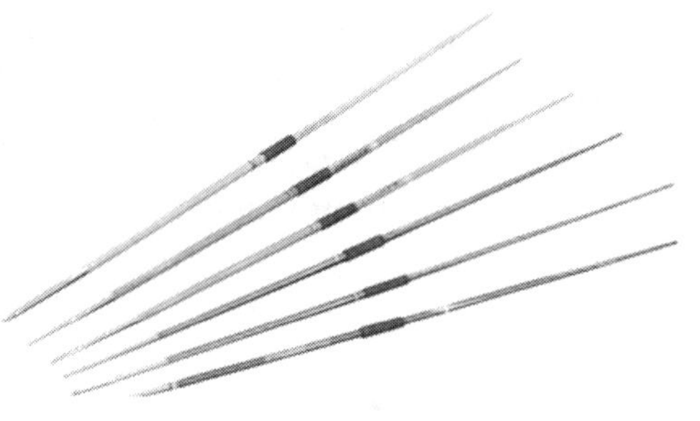

参赛者应握着标枪之握把处，自肩上或投掷手臂上方把枪掷出，投掷时不得把枪抛出或甩出。自开始投掷至标枪离手期间，参赛者不得转身完全背向投掷弧。标枪着地前，参赛者不得离开助跑道。离开时要在助跑道两边平行线的直角方向及投掷弧的两端延长线后面走出。在投掷过程中，只要未触犯上述规定，参赛者可中途停顿，甚至把标枪放下，并且离开助跑道，然后重新回到助跑道投掷。

标枪着地时，枪尖必须比其他部分先着地，并且完全落在扇形着地区的角度线之内，该掷方算有效。丈量时应由枪尖着地之最近点，通过投掷弧线之圆心，量度至投掷弧线的内缘作为该掷之成绩。距离之计算须以 0.02 米为最小单位，不足 0.02 米者应以较低的读数计算成绩。

（四）跳高

比赛开始前，裁判员必须向参赛者宣布起跳的高度及每次晋升的高度，直至只剩下一位参赛者为止。除非只余下冠军参赛者，否则横杆的升幅不得少于 2 厘米，而且横杆的升幅不得增加。在只剩下冠军参赛者的情况下，横杆的升幅可按其意愿决定。

参赛者必须单脚起跳。若起跳后，横杆不停留在支架上；或在尚未越过横杆前，身体的任何部位触及两支架间或两支架外的地面（包括着地区），则以试跳失败论。如果参赛者在试跳时，其脚部触及着地区，而裁判员认为并未因此而获得利益，则该跳仍算有效。

参赛者可以在任何一个高度开始起跳，往后亦可以自由选择高度试跳，但不管高度的大小，连续三次试跳失败，便会丧失继续比赛的资格。若参赛者放弃某一高度的第一次试跳，其后便不得在同一高度上再次要求试跳机会（成绩相同时之额外试跳除外）。

（五）跳远

参赛者触犯下列任何情况，均作试跳失败论：

（1）不论起跳与否，身体的任何部位触及起跳线前方的地面；

（2）不论是否超过起跳线，在起跳板两端以外起跳；

（3）着地时，身体的任何部分触及着地区以外的地面，而该点较其落在着地区之位置为近；

（4）完成试跳后，在着地区向后行；

（5）使用任何翻腾动作试跳。

除上述行为外，参赛者未到达起跳板即开始起跳，不得判作失败。丈量试跳成绩时，应以身体任何部位在着地区表面留下的痕迹，与起跳线或其延长线间的最短距离为准。距离之计算须以 0.01 米为最小单位，不足 0.01 米者应以较低的读数计算成绩。

（六）三级跳远

三级跳远必须按顺序由单足跳、跨步跳及跳跃三个部分组成。第一步起跳后，须以同足着地，进行第二次起跳；第二步起跳后，则要以另一足着地，然后进行第三次（最后一次）起跳。除场地外，跳远之所有规则，均适用于三级跳远项目。

实践与探究

1. 简述短跑的技术。进行短跑锻炼有哪些手段？
2. 跳远的 3 种姿势是什么？
3. 简述背向滑步推铅球的技术。

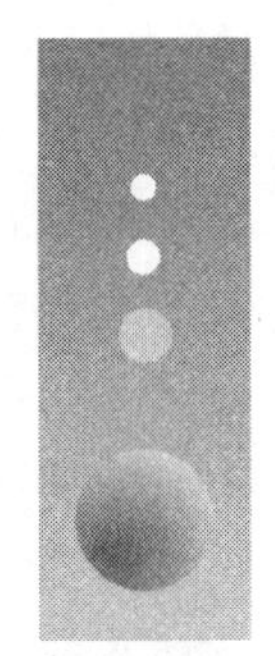

第六章　球类运动

教师寄语

本章球类运动包含足球、篮球、排球、羽毛球和乒乓球。球类运动都包含跑、跳等各种动作，在竞赛中，情况错综复杂、变幻莫测，要求运动员随时做出各种迅速的移动、急起、急停、急转、抢截、奔跑、跳跃等动作，以及具备各种应变能力。通过这些运动，可以改善人体中枢神经系统和内脏各器官的功能，促进身心健康，增强体质；全面发展速度、灵敏度、耐力、力量、协调以及弹跳力等身体素质；对培养中职学生的运动能力、健康行为、体育品德都有很大的益处。

球类运动具有对抗性、集体性、趣味性和群众性等特点，能让学生在球类运动中享受乐趣的同时，增强体质、健全人格、锤炼意志，为养成终身体育运动习惯奠定良好的基础。

第一节　足球运动

运动箴言

一个人应养成信赖自己的习惯，即使在最危急的时候，也要相信自己的勇敢与毅力。

小知识

现代足球运动起源于英国，1904 年国际足球联合会成立，1930 年起举办世界足球锦标赛（即世界杯足球赛）。足球的其他形式还包括沙滩足球和室内足球。

一支球队由 11 名上场球员和替补球员组成，一些著名足球俱乐部还有一群工作人员来帮助球队：专业体能教练员负责训练球员体能；理疗师和医生帮助队员迅速调整好竞技状态，并且帮助队员迅速从伤病中恢复。在技术层面，俱乐部针对球队中的各个部分聘请各类教练员，同时还有负责全局的经理，以及主要战术决策人和球员选择者。

足球运动员要求体格健壮、跑动灵活，并且拥有完美的控球技术。球员不仅要有快速的短跑速度，同时还要有超强的体力，可以坚持 90 分钟不间断地跑动。由于足球是一种身体接触性的运动，因此要求运动员身体强悍、敢于拼抢、勇敢顽强。

一、足球运动的基本技术

踢球、接球、运控球、抢截球、头顶球、假动作、掷界外球和守门员技术构成了足球的基本技术。要踢好足球，必须熟练掌握足球的基本技术，并得心应手地运用。

（一）寻找球感

可通过练习用脚的不同位置控球和练习控球动作来寻找球感（见图 6－1）。

脚内侧使用最多，控球、带球和传球时都可用脚内侧

脚外侧用于转身带球或将球传向边路

脚背是最有力的部位，踢球（特别是射门）时用脚背最理想

脚跟不常用到，但快速往后敲或反向传球时效果甚佳

用脚尖控球十分困难，应尽量避免

用脚掌控球很不保险，但可以用来做假动作

（a）用脚的不同位置控球

用脚底轻踩球上部，迅速轻快地向后拉卷球，并用脚背勾挑起来

不断使球从脚上弹向空中。保持一脚平稳地伸出。若脚尖向上，则可能会失去对球的控制

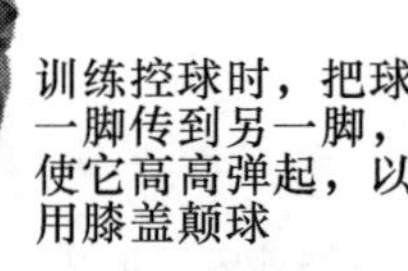

训练控球时，把球从一脚传到另一脚，或使它高高弹起，以便用膝盖颠球

（b）控球动作

图 6－1　寻找球感

（二）踢球的基本技术及练习方法

1. 脚背正面踢球

支撑脚支撑在球的侧面 10～20 厘米处，以脚背正面击球的后中部，击球后身体及踢球腿随球前移，见图 6－2。

图 6-2　脚背正面踢球

2. 脚背内侧踢球

斜线助跑与出球方向约 45 度，支撑脚脚尖指出击球方向，并在球的内侧后方 20～25 厘米处。在支撑同时，踢球脚以脚背内侧部位触击球。击球后踢球腿及身体继续随球前移，见图 6-3。

图 6-3　脚背内侧踢球

3. 脚背外侧踢球

支撑脚脚掌在球的侧面 10～20 厘米处，当腿做爆发式摆动时要求脚尖内转，用脚背外侧击球，见图 6-4。

图 6-4　脚背外侧踢球

4. 练习方法

(1) 各种踢球技术动作的模仿练习。

(2) 两人一组，一人踩球，另一人做各种踢球技术动作的练习。体会支撑脚站位、摆腿和脚触球的部位。

(3) 对墙做各种踢球练习。开始离墙要近、力量要小，然后逐渐增加距离和力量。

(4) 两人一组做各种踢法的对踢练习。注意技术动作、踢球的力量和准确性。

(三) 接球的基本技术及练习方法

1. 脚内侧接球

支撑脚脚尖正对来球，接球腿提起屈膝，大腿外展，脚底基本与地面平行，脚内侧正对来球并前迎，当脚内侧与球接触的一刹那迅速后撤，见图 6－5。

2. 脚背外侧接球

接球点在接球脚一侧，接球时提腿屈膝，脚内翻，并对着接球后运行的方向。脚离地面的高度应是球的半径，然后大腿向接球后球运行的方向推送，同时身体随球移动，见图 6－6。

图 6－5　脚内侧接球　　图 6－6　脚背外侧接球

3. 脚背正面接球

脚背正面上迎下落的球，当球与脚面接触的一刹那与下落球同步下撤，此时的大腿膝关节、踝关节、脚趾均保持适度的紧张，脚尖微翘将球接到需要的地方，见图 6－7。

4. 脚底接球

身体和脚尖正对来球方向，脚尖上翘，一般以前脚掌触球的上部。在触球的一刹那，前脚掌将球停住，也可根据需要在接球同时将球推向前或拉向后，见图 6－8。

图 6－7　脚背正面接球

图 6－8　脚底接球

5. 大腿接球

面对来球的方向，接球腿大腿抬起，当球与大腿接触的一刹那，大腿下撤。

6. 腹部接球

身体正对来球方向跑动，判断好球的落点，身体前倾，腹部对准落地反弹的球，推压球前进。

7. 胸部接球（挺胸式）

面对来球，上体后仰，两臂自然张开。接触球的一刹那，两脚蹬地，膝关节伸直，用胸部轻托球的下部，使球微微弹起，见图 6－9。

图 6-9　胸部接球（挺胸式）

8. 胸部接球（收胸式）

面对来球，两臂自然张开，挺胸迎球。接触球的一刹那，收胸、收腹，将球接在体前或转体将球接在体侧。

9. 练习方法

（1）各种接球技术动作的模仿练习。

（2）原地接迎面来的地滚球练习。两人相距 6～8 米，一人踢地滚球，另一人停球。

（3）跑上去停迎面来的地滚球练习。两人相距 10 米左右相对站立，一人踢地滚球，另一人跑上去停球。

小知识

最常用的接球方法是脚内侧接球，即通常所说的脚弓接球。由于脚侧接触球的面积大，容易把球接住，而且又便于改变接球方向和连续下一个动作，因此是接球技术动作中最容易掌握和普遍运用的动作。这种方法可以用于接地滚球、反弹球和空中球。

（四）控球的基本技术及练习方法

1. 脚内侧运球

在运球前进时，支撑脚始终领先于球，位于球的侧前方，重心放在支撑脚上，另一只脚提起屈膝，用脚内侧接球前进，然后运球脚着地。

2. 脚背正面运球

运球时，上体稍前倾，步幅不要过大，运球腿提起，在着地前用脚背正面触球的后中部，将球推送前进，见图 6-10。

3. 脚背外侧运球

运球时，上体稍前倾，步幅不要过大，运球腿提起使脚背外侧正对运球方向，在着地前用脚背外侧推拨球的后中部，将球推送前进。

4. 脚背内侧运球

上体前倾，运球腿提起外展，脚尖外转，使脚背内侧正对运球方向，在运球脚落地前用脚背内侧推拨球，使球随身体前进。

图 6－10 脚背正面运球

5. 练习方法

（1）走或慢跑中分别用单脚脚内侧、正面、脚外侧、脚背内侧直线运球。

（2）慢跑中用单脚脚外侧、脚背内侧折线运球。

（3）左脚外侧扣、左脚外侧拨，右脚内侧扣、右脚外侧拨，双脚交替进行。

（4）推拉练习：右脚踩、拉球转身，右脚内侧向左侧推；左脚踩、拉球，左脚内侧向右侧推。

（5）运球向前，踩球转身 180 度，另一只脚脚背外侧向前推拨球。

（6）利用上体的左右晃动，用脚外侧变向运球。

（7）运球中跨过球转身运球。

（8）右脚假踢后，内侧扣球变向，左脚外侧运球。

小知识

运球过人是在运控球的基础上，根据战术需要以及对手的防守位置和重心变化情况，利用速度、方向或组合动作变化，获得时间和空间位置上的优势，从而突破防守的一种技术手段。

（五）头顶球技术

1. 额头正面顶球

身体正对来球，上体后仰，顶球时，蹬地、收腹、摆体、顶送发力，见图 6－11。

图 6－11 额头正面顶球

2. 跳起额头正面顶球

起跳后，展腹挺胸，顶球时迅速收腹摆体，前额积极迎球顶送发力，落地缓冲，见图 6－12。

图 6－12 跳起额头正面顶球

小知识

头顶球时的注意事项：判断要准，选位要准确，起跳及时；顶球不要闭眼，不要缩脖，颈部要用力；顶球时根据击球方向，选择击球的不同部位。

二、足球运动的基本战术

（一）进攻与防守

比赛开始前，双方在各自半场就位。比赛由开球开始，足球被放置在中心标志上由进攻方开球。比赛开始后，每个队员尽力将球踢入对方球门。球员可以利用除了双手和胳膊以外的身体部位触球。获胜者为比赛 90 分钟后进球数最多的一方。如果比赛结束时双方都没有得分或者得分相同，则为平局，此时如果必须决出胜负，则进行加时赛。如果有必要，还可以通过踢点球决胜。

1. 进攻

比赛中，持球方向对方球门推进称为进攻，最终目标是进球得分。只有持球者将球尽量盘带到对方球门附近，才有可能射门得分。因此，进攻方的球员必须在场地中传球、盘带球、持球，且防止对方球员抢断。为了越过并攻破防守，进攻方球员必须跑动到球场上没有防守球员的区域接球。

2. 防守

防守方主要是阻止对方球员得分，或者夺回球的控制权以便发起进攻。防守球员可以通过断球、封锁持球队员或者其他队员的区域、紧逼持球队员或者通过直接铲断得球。球队通过采用各种防守策略阻止对方球队的进攻（见图 6－13）。例如，区域防守体系：每个防守队员都有固定的防守区域，相互之间配合；盯人防守：防守队员盯防进攻球员。

图 6-13　防守策略

（二）战术阵型

足球比赛中，一支队伍的阵型由 3 或 4 组数字表示。例如，4-4-2 阵型，即此阵包括 4 名后卫、4 名中场和 2 名前锋。因为守门员不包括在内，所以数字之和总是 10。根据比赛中的情况，队形会发生变化。如果领先的球队需要加强防守，则会使用一个防守性更强的阵型。阵形有很多种组合，较常见的有 3-5-2 阵型、4-4-2 阵型和 4-3-2-1 阵型，见图 6-14。

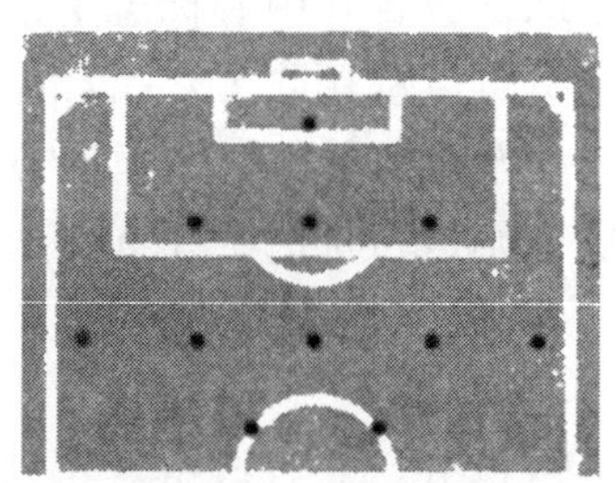

3-5-2 阵型

此阵型中左右前卫（左右中场）更多地扮演进攻角色，有力地支持锋线队员。而中前卫经常与后卫合作防守，尤其当对方球队反击，一半球员仍在前场无法返回时

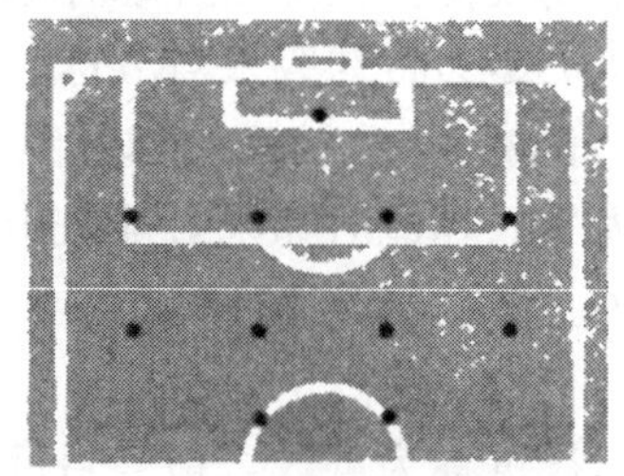

4-4-2 阵型

又称为“一字形”，为目前最常见的一种足球阵型。此阵型通过中场球员与后卫和前锋的紧密合作，可以在比赛中根据需要进行改变。此阵型中，中场球员跑动最多

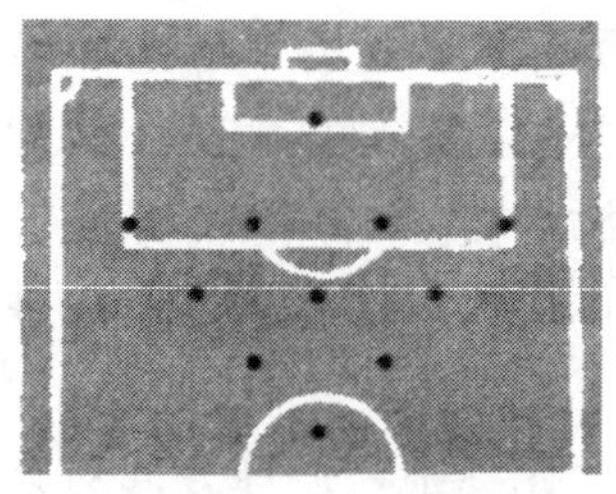

4-3-2-1 阵型

此阵型是 4-4-2 阵型的变体，又称为“圣诞树”。此阵型中有一名中场球员向前参与进攻，就意味着球队中实际有 3 名前锋。其中中间一名前锋站在另外两名前锋之前

图 6-14　阵型

此外，在发界外球、角球、任意球、点球时，多采用布置好的战术进攻，见图 6-15。

图 6-15　战术

三、足球运动规则

（一）比赛场地

比赛场地可采用天然草皮或人造草坪。边线要有大于 2 米的草皮边缘，在中线的两侧要各配置一个距边线至少 6 米的带顶棚的替补席。比赛场地线与广告牌的距离不得小于 4 米，离球门线后不少于 5 米，至角旗处不得少于 3 米。

（二）比赛时间

正式的国际足球比赛分为上、下两个半场，每半场 45 分钟，中间休息 15 分钟。

（三）队员人数与换人

每队上场 11 名队员，其中包括一名守门员。如果一队的场上队员少于 7 人，则判该队弃权。一场比赛每队最多能换 3 名队员；场外和场上队员未经裁判员许可不能擅自进出场地。比赛时，守门员和其他队员的位置不能随意交换，若换人需经过裁判员的同意。

（四）裁判员

一场正式的足球比赛由 4 名裁判员担任裁判工作：1 名主裁判员，2 名助理裁判员，1 名替补裁判员。

（1）主裁判员的职责：有场上最终判决权，决定比赛时间是否延长、比赛是否推迟和中止。

（2）助理裁判员的职责：示意越位及球出界，协助主裁判员的场上判罚，但没有最终判决权。

(五) 比赛判罚

1. 直接任意球的判罚

主要是针对恶意踢人、打人、绊倒对方的行为；用手拉扯、推搡对方，手触球；辱骂裁判员、辱骂他人。这种任意球可直接射门得分。如果这些行为发生在禁区内，就要判罚点球。

2. 间接任意球的判罚

危险动作、阻挡、定位球的连踢需判罚间接任意球。这种任意球不能直接射门得分，必须经第二个人触球后进球才算有效，禁区内这种犯规不能判罚点球。

无论是直接任意球还是间接任意球，防守方都要退出 9.15 米线以外。如果不按要求退出 9.15 米，裁判员可出示黄牌。

3. 点球

在禁区内直接任意球的犯规要判罚点球。罚点球时，双方队员不能进入禁区。如防守方进入禁区，进球有效，不进则重罚；如进攻方进入禁区，进与不进球均无效，由对方罚任意球。在罚点球时，守门员可以在球门线上左右移动，但不可以向前移动。

(六) 红、黄牌

足球裁判员在判罚时，根据犯规性质不同，可出示两种不同颜色的牌。

对于足球比赛中出现的一些严重犯规，裁判员要出示红、黄牌。如果是恶意的犯规或暴力行为，则出示红牌。

故意手球、辱骂他人或同一场比赛同一人得到 2 张黄牌时，也要被出示红牌。

比赛中，有违反体育道德行为，用语言和行为表示不满的就要被出示黄牌。连续犯规、故意延误比赛、擅自进出场地的队员也要被出示黄牌。

(七) 伤停补时

足球比赛有时根据场上情况，在比赛时间上需要补时。一般是 1～2 分钟，长的可达 5～6 分钟，时间长短由主裁判员决定。造成补时的主要原因有：处理场上受伤者；故意拖延比赛；场内外出现了意外事件。

(八) 越位

足球比赛构成越位要满足以下条件：在同伴传球时脚触球的瞬间，在对方半场内如果同伴的位置与对方最后一名后卫的位置相比更靠近对方底线，同时该队员处于球的前方，这时就判越位。需要说明的是，与对方最后一名后卫处于平行时不判越位。

在 2004 年的欧锦赛上，国际足联对越位条款又有了新的解读——如果判越位，不是巡边员举旗就鸣哨，而是越位队员触球后再鸣哨。

(九) 暂停比赛

正式足球比赛一般场上不能暂停，只有在极特殊的情况下，如队员受伤或发生意外纠纷，才鸣哨暂停。恢复比赛时一般是将球踢给哨响的最后控球方。

现在足球比赛队员道德水准普遍很高，通常一方如看到场上有受伤队员，都会将球踢出界。恢复比赛时，对方也会将球踢回。

(十) 进球

足球比赛的进球是以球的整体越过球门线为准。有时在比赛中会看到球打到横梁后落地又弹回场内，裁判员可以根据自己的观察来确认球是否越过球门线，这种判决有时会引起很大争议。

(十一) 计胜方法

1. 进球得分

若没有另外规定，则以下情况应判为进球得分：当球的整体从两球门柱间及横梁下越过球门线，而此球并非由进攻方队员（包括守门员）以手掷、带人或故意以手臂挡入。

2. 获胜者

在比赛中进球较多的队为胜者。如两队进球数相等或均未进球，则比赛平局。

3. 加时赛

竞赛规程应说明，若比赛结果为平局，是否采用加时赛决出比赛的胜者。

第二节 篮球运动

运动箴言

体育精神：自尊自信 勇敢顽强 积极进取 超越自我

体育道德：遵守规则 诚信自律 公平正义

体育品格：文明礼貌 相互尊重 团队合作 社会责任感 正确的胜负观

小知识

篮球运动是最受人们喜爱的运动项目之一，在世界各地得到了广泛的开展。篮球运动起源于19世纪后期的美国，是一种移动迅速、丰富多彩的综合性体育项目，1976年正式成为奥运会比赛项目。篮球运动具有对抗性、集团性、多变性和挑战性的特点，比赛中技术、战术变化多端，个人与团队的作用都很明显。

一、篮球运动的基本技术

(一) 手上技巧

手指、手掌、手背技巧见图6-16。

平行站立，双手持球，用手指和手掌感觉球体的重心

由下向上使球贴着手掌，由指尖向手背滚动

球从指尖经手腕部位一直滚到前臂中部

图6-16 手指、手掌、手背技巧

轮盘旋转技巧见图 6－17。

平行站立，身体前屈，头低下，使肩部成平坦姿势，双手轻抛球，使球落在右手上

右手微抬，使球产生滚动之力，并沿着手腕、前臂向上臂和肩颈处滚动

图 6－17 轮盘旋转技巧

胯下运球技巧见图 6－18。

双脚平行开立，身体前屈，双膝弯曲，重心下降，低拍球于两腿之间，要用极快的速度拍球，每只手每次只能拍一次球

球的落点基本固定，但是每拍一次球的手要换位，由体前换到体后，再换到体前

图 6－18 胯下运球技巧

（二）移动

移动是篮球技术的基础，是比赛中运用最多的一项基本动作。移动要有突然性、快速性、灵活性，进攻与防守都离不开移动技术。在此，我们着重介绍防守移动。

1. 滑步

动作要领：重心平稳，移动时做到一侧脚先蹬地，防守时双脚尽量不要交叉，否则会很难迅速起动改变方向，见图 6－19。

图 6－19 滑步

2. 后撤步

动作要领：前脚用力蹬地，利用腰部力量带动转胯，后脚的前脚掌要积极辗转蹬地。见图 6-20。

图 6-20　后撤步

3. 攻击步

动作要领：后脚猛力蹬地，前脚突然迅速向前跨出逼近对手，落地时重心偏前脚，前脚同侧手前伸做干扰和攻击性防守动作。见图 6-21。

图 6-21　攻击步

练习方法：

(1) 原地移动重心练习，见图 6-22：学生看老师手势做原地左右、前后、上下重心移动的练习。

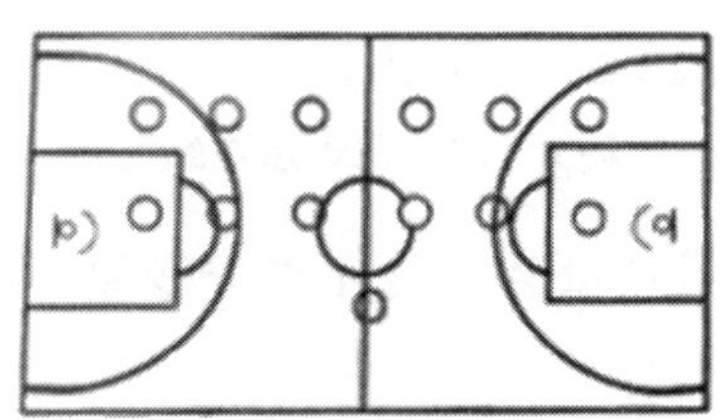

图 6-22　原地移动重心练习

要求：保持身体基本姿势正确和身体平衡，尤其要做到始终抬头观察。另外，动作幅度要大，并跟上老师的指挥节奏。

小知识

如何做出假动作：要做好欺骗性比较强的假动作，应结合身体、眼神、脚步移动、手腕等动作，使对手产生错误的预判。

(2) 原地跨步练习：1) 向同侧左（右）跨步并蹬回；2) 向同侧侧前方跨步并蹬回；

3）同侧步变交叉步蹬回；4）同侧步蹬回——交叉步蹬回。

（3）直线移动练习，见图 6－23：1）学生直线向前跑，回头看篮筐，到中场线后变后退跑；2）原地踏步，见信号后继续做上一个练习；3）前手在下的向前攻击步；4）前手在上的向前攻击步。

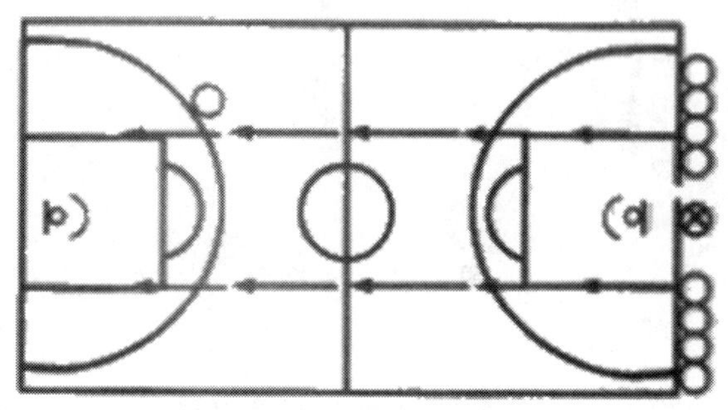

图 6－23　直线移动练习

要求：保持正确身体姿势，动作规范、有力。

（4）原地步法练习，见图 6－24：1）一步向左（右）接滑步；2）向左或右的交叉步；3）向左或右撤步；4）以上 3 种脚步综合练习。

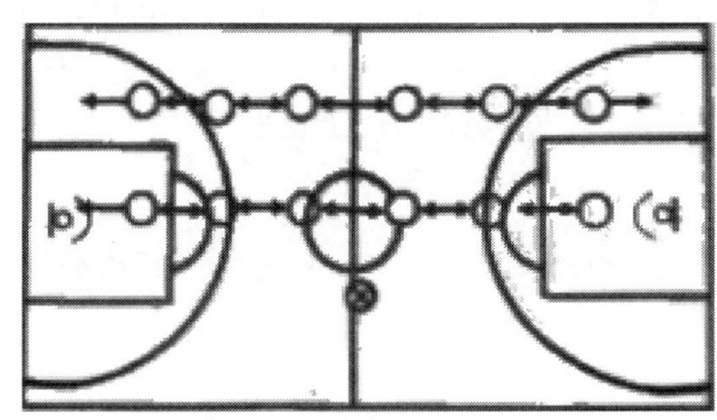

图 6－24　原地步法练习

要求：保持低重心、正确身体姿势和身体水平移动，技术动作规范，动作快速、有力、到位。

（三）传、接球

传、接球是篮球运动中组织进攻的纽带，是培养队员团结合作、发挥集体力量的重要环节。传、接球的准确性和及时性，以及传球人与接球人之间的默契配合，关系到一场球赛的胜负。传、接球是一项十分重要的基本技术。

1. 双手胸前传球

动作要领：手腕急促地由下而上、由内向外翻，同时拇指下压，中指、食指用力拨球将球传出。见图 6－25。

2. 单手肩上传球

动作要领：肩关节充分外展，传球时，肘关节领先，全身协调用力。见图 6－26。

图 6-25　双手胸前传球

图 6-26　单手肩上传球

3. 双手接球

动作要领：伸臂迎接，在手接触球的同时，收臂后引缓冲，持球于胸腹之间，动作连贯一致。见图 6-27。

图 6-27　双手接球

练习方法：

(1) 原地两人对面传、接球练习：两人一组；对面站立，相距 3～5 米，反复进行多种传、接球练习。

要求：1) 传、接球动作要准确，尤其是传球时，手腕、手指发力要正确；2) 传、接球动作由慢到快，距离由近到远。

(2) 三角传、接球练习：队员站成三角形，每组 4～5 人。①传球给②后跑到②组的排尾，②传球给③后跑到③组的排尾，见图 6-28。以此类推，按逆时针方向传球和换位。

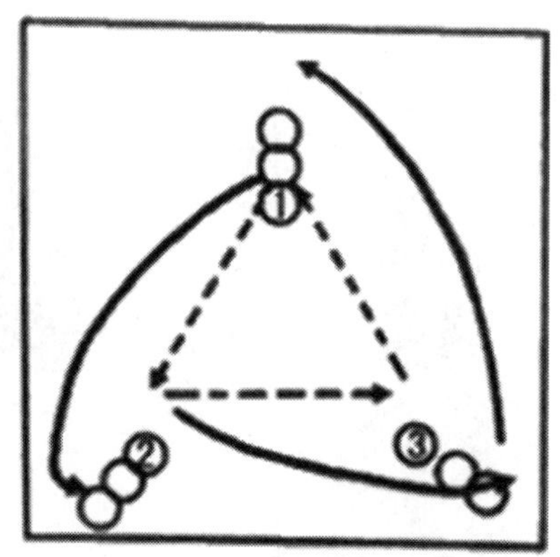

图 6-28　三角传、接球练习

要求：接球人要上步接球。接、传球的动作要连贯，不发生带球跑的违例现象。

(3) 两人全场传、接球前进练习。①传球给后立即起动向前跑接②的传球，②传球给①后立即起动向前跑接①的传球，直到对面篮下上篮，再传球返回上篮；当第一组传球上篮后，第二组开始练习，见图 6-29。

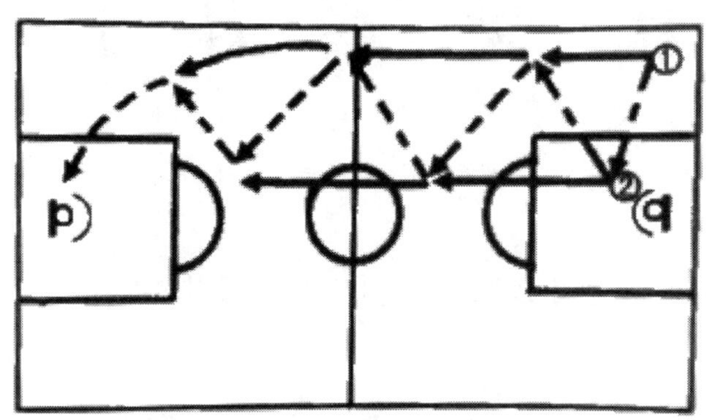

图 6-29　两人全场传、接球前进练习

要求：接、传球动作要连贯，迅速。手脚动作配合好，不要发生带球跑的违例现象。眼的余光看传球目的。

(四) 运球

运球是突破防守、组织进攻、对付紧逼盯人、调整位置、寻找时机进行传球和投篮的技术。运球以有利于进攻为前提，滥用则会影响集体的配合，失掉战机，甚至失球。

1. 低运球

动作要领：两腿弯曲，降低重心，上体前倾，用上体和腿保护球。用手短促地按拍球，使球从地面向上反弹的高度在膝关节以下，以便更好地控制和摆脱防守继续前进。见图 6-30。

2. 高运球

动作要领：两腿微屈，平视，手用力向前下方推按球，把球的落点控制在身体侧前方，使球反弹的高度在胸腹之间，手脚要协调配合，使球有节奏地向前运行。见图 6-31。

图 6-30 低运球

图 6-31 高运球

3. 运球急停急起

动作要领：在快速运球过程中，突然急停时，手拍按球的上方；运球急起时，要迅速起动拍按球的后上方，注意用身体和腿保护球。见图 6-32。

图 6-32 运球急停急起

小知识

如果能有一个伙伴或团队与你一起锻炼，互相交流，互相促进，那将更容易克服练习中的困难。

运动中容易造成运动员受伤的物品有：戒指、耳饰、项链、眼镜等，因此在运动中应该将这些物品摘下，以防受伤。

4. 体前变向换手运球

动作要领：右手变左手运球时，手与球配合要合理，变向要及时。见图 6－33。

图 6－33 体前变向换手运球

练习方法：

（1）直线运球练习，见图 6－34（a）。每组一球，听到哨音后，各组第一人运球至端线，返回时换另一只手运球，然后交给下一队员，轮流进行练习。

要求：拍球动作与步法要协调配合，拍球落地位置和用力大小要适当。

（2）换手变向运球练习，见图 6－34（b）。队员运球绕圈时要换手，始终用外侧手运球。

要求：变向运球时注意拍球的部位，要降低重心，保护好球。摆脱障碍物时，变向超越的动作要快，要加速。

（3）不换手变向运球练习，见图 6－34（c）。运球遇到障碍物时做横向运球，随后做变向运球超越障碍物。超越最后一个障碍物后，传球给另一组队员，轮流进行练习。

要求：同换手变向运球练习。

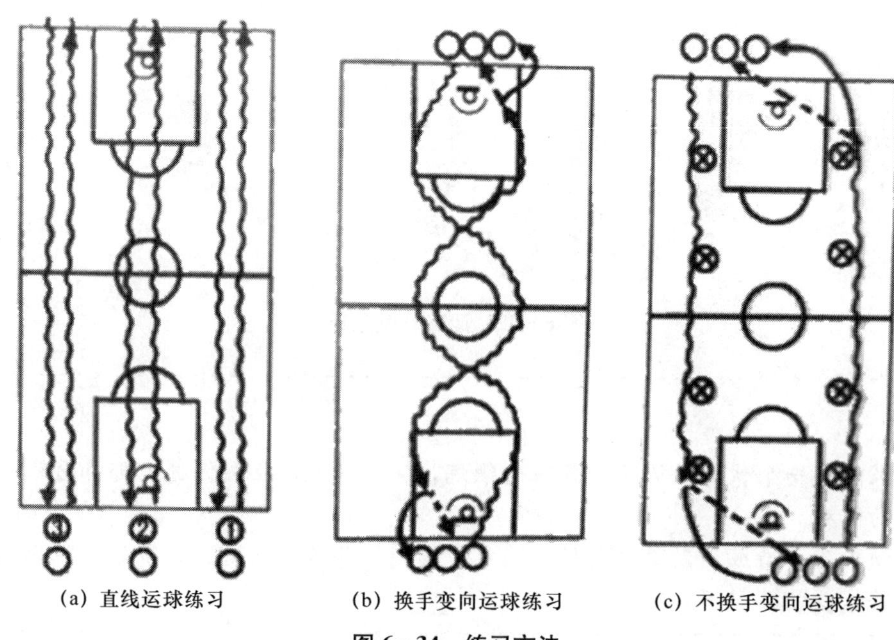

（a）直线运球练习　（b）换手变向运球练习　（c）不换手变向运球练习

图 6－34 练习方法

（五）投篮

投篮是进攻中得分的一种方法，是所有技术、战术运用的最终目的。进攻方的技术、战术运用都是围绕着最终投篮命中努力，防守方则运用必要的防守技术阻拦进攻方投篮并设法得到球，组织反攻投篮。

1. 单手肩上投篮

动作要领：投篮时要自下而上发力、抬肘、手臂上伸，接近垂直，屈腕拨球，将球投出。见图 6－35。

图 6－35 单手肩上投篮

2. 原地跳起单手肩上投篮

动作要领：跳投的关键是向上举球和起跳动作协调一致，利用身体在空中最高点刹那间的稳定迅速出手。见图 6－36。如果一开始就选择比较远的距离进行原地投篮练习，为了能够投篮进球，就会导致投球动作错误或变形。

图 6－36 原地跳起单手肩上投篮

3. 行进间单手低手投篮

动作要领：第二步较第一步要继续加速，腾空时间短，投篮瞬间要控制好身体的平衡。见图 6－37。

图 6－37　行进间单手低手投篮

4. 勾手投篮

动作要领：右脚自然抬高保持身体平衡，右手向上伸展单手持球，左手手臂横向协调弯曲护球，当起跳至最高点时利用手腕力量柔和出手投篮。见图 6－38。

图 6－38　勾手投篮

小知识

一旦拿到球，要确定有没有可能进行投篮、突破、传球或者移动。

练习方法：

（1）原地投篮练习。队员每人一球在罚球线上排成单列，自投自抢，反复进行练习。

要求：持球人基本站立姿势正确，体会蹬地、伸臂、屈腕和拨指等技术细节，注意出球的手法和手型要正确。罚球时，在投篮之前球员通常都会深呼吸一次，这样可使其放松并且集中精力瞄准篮筐。

（2）两点移动投篮练习。两人一组用一球，一人传球，另一人投篮。按规定连投 10～20 次，或达到规定的投进次数后，交换练习。

要求：传球队员接到篮球后，接球队员突然移动接球，接球的同时调整重心和步伐。

（3）连续投抢练习。三人用两球，④投篮后自抢篮板球，⑥向④的位置移动，⑤传球给⑥投篮，⑥投篮后自抢篮板球，篮下的④将球传给向⑥位置移动的⑤投篮，见图 6-39。依此类推，进行练习。可规定投篮时间或 3 人共投进的次数。

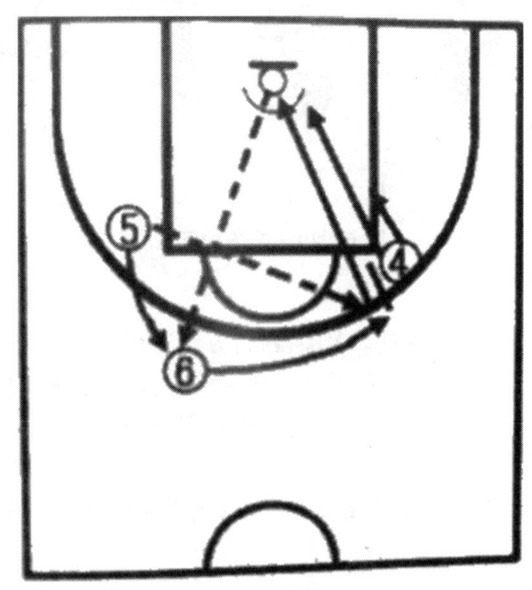

图 6-39 连续投抢练习

要求：投篮后争取在空中抢到篮板球，传球要准确，移动要及时，人球要相遇，保持练习的连贯性。

二、篮球运动的基本战术

（一）基础配合方法

基础配合是指两三个人之间的配合，是整体战术的配合基础，包括进攻和防守两类基础配合。进攻基础配合有掩护、突分、传切、策应等配合；防守基础配合有补防、夹击、关门等配合。以下通过图例展示几种常用的基础配合方法。

1. 侧掩护配合

如图 6-40 所示，⑪传球给⑦后跑到“22”的侧面作掩护；⑦接球后做投篮或突破的假动作，吸引㉒的防守；当⑪掩护到位时，⑦持球从㉒的左侧突破投篮，⑪掩护后及时跟进抢篮板球。

图 6－40 侧掩护配合

2. 反掩护配合

如图 6－41 所示，④传球给⑥后，跑到侧后方给⑤做侧掩护（这种跑到与传球相反的方向去做掩护叫作反掩护）。⑤要先向下压，然后突然向右紧贴④的身体，切入篮下接⑥的传球上篮。④掩护后转身切入篮下，接应⑤或抢篮板球。

3. 突分配合

如图 6－42 所示，④持球从底线突破，遇到防守及时传球给纵插到有利位置的⑤投篮。

图 6－41 反掩护配合

图 6－42 突分配合

4. 关门配合

“关门”是两名防守队员靠拢协同防守突破的配合方法。如图 6－43 所示，当⑤从正面突破时，两名防守队员进行关门配合。

5. 夹击配合

夹击配合是两名防守队员积极防守一名进攻队员的配合方法，如图 6－44 所示，④从底线突破，防守队员封堵底线，迫使④停球，同时迅速向底线跑去与同伴协同夹击④，封堵其传球路线，迫使其违例或失误。

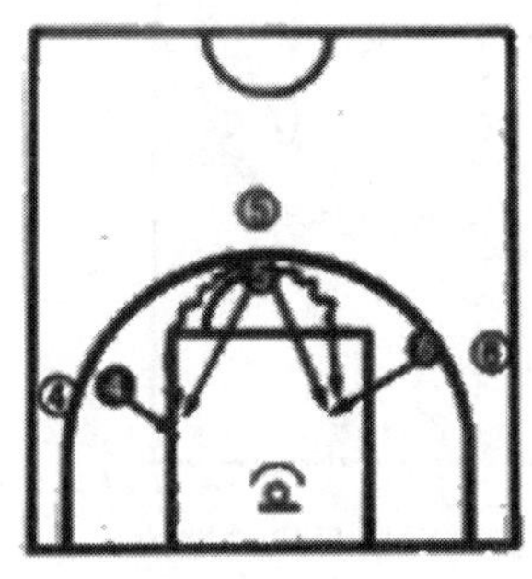

图 6－43 关门配合

图 6－44 夹击配合

6. 补防配合

补防配合是指防守队员在同伴漏防时，立即放弃自己的对手，去补防那个威胁最大的进攻者，而漏防的防守队员及时进行协同防守变换的一种防守方法。如图 6－45 所示，⑤传球给④后，摆脱防守直插篮下，此时放弃对⑥的防守而补防⑤。

图 6－45 补防配合

（二）三打三篮球比赛

1. 半场三打三练习

方法：进攻队投中后继续进攻，若未投中或球被对方抢去，则进攻变防守，两组攻守交换继续练习。

要求：通过移动、传切、突分、掩护、策应等配合，创造与选择好的投篮时机。投篮要果断迅速，机会不好时不要勉强投篮。投篮后积极冲抢篮板球。防守以防接球、防投篮为核心，积极顽强地进行防守。

2. 如何打赢三打三篮球比赛

（1）进攻方法——侧掩护。

给无球队员做侧掩护（反掩护），见图 6－46（a）：⑤传球给④后，即向相反方向跑动给⑥做侧掩护，当⑤跑至侧面掩护到位时，⑥摆脱防守切入篮下接④的传球投篮。

给持球队员做侧掩护，见图 6－46（b）：⑤传球给④后跑动到④的侧面做掩护，④接球后做投篮或突破的动作，吸引防守，当⑤掩护到位时，④持球从⑤的右侧突破投篮。⑤掩护后及时移动到有利的位置去接球或抢篮板球。

（a）给无球队员做侧掩护

（b）给持球队员作侧掩护

图 6－46　进攻方法

（2）防守方法——挤过。

如图 6－47 所示，全队分成两组，④传球给⑥后给⑤作侧掩护，⑤在④的掩护到位的一刹那间迅速抢前位，依次进行练习。

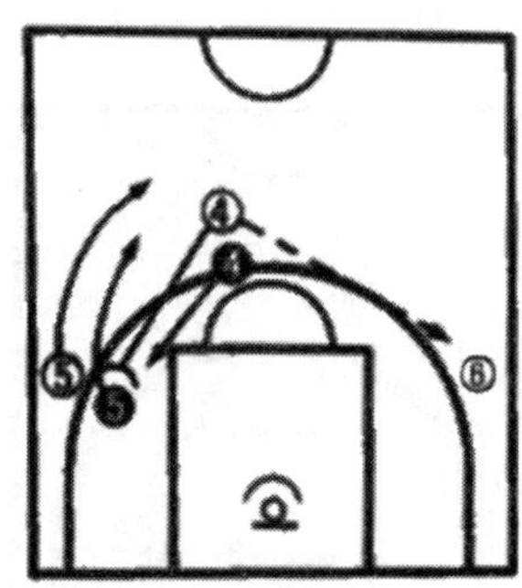

图 6－47　防守方法

（三）五打五篮球比赛

1. 进攻方法

（1）进攻半场人盯人。

单中锋进攻见图 6－48（a）：⑤传球给⑥，⑦给⑤做行进间掩护，⑥策应传球给⑤投篮。⑦掩护后，如果对方换人，则应转身切入接⑥的球继续进攻。此时⑧跟进抢篮板球，⑥传球后也要冲抢篮板球。④向中间移动，随时准备退守。

反掩护通过中锋策应进攻见图 6－48（b）：⑧传球给⑦后，为④掩护，中锋⑤向罚球线空位移动接⑦传球，⑤转身攻击或者传球给交叉切入的⑦或④。

（2）进攻区域联防。

进攻区域联防站位安排：进攻区域“2－1－2”联防的最好方法是采用“1－3－1”的阵型，④和⑥应该是头脑清楚、战术意识强、技术全面、善于巧妙传球和中距离投篮的队员；⑤应是善于在发球线附近进行策应和转身跳投的队员；⑦应是具有准确的中距离投篮、切入篮下得分和冲抢篮板球的队员；⑧应是具有篮下进攻和抢篮板球能力较强的队员。进攻区域联防具体战术见图 6－49：④、⑤、⑥相互传球，调动防守，使对方不能及时地防守，⑥、⑦可抓住机会果断地进行中投。

（a）单中锋进攻

（b）反掩护通过中锋策应进攻

图 6－48　进攻半场人盯人

图 6－49　进攻区域联防

2．防守方法

防守方法主要分为人盯人防守和联防防守两大类，见图 6－50。

（1）人盯人防守。

人盯人防守可以细分为全场人盯人和半场人盯人，见图 6－50（a），并可再细分。人盯人防守的原则是以盯人为主，人球兼顾；近球侧紧，远球侧松。由于人盯人防守具有分工明确、针对性强、机动性好、对进攻方压力大等特点，因此成为最常用的防守方法。如图 6－50（a）所示，球在①的手中，逼近①，②与③位于强侧，因此要错位防守②，不让②接球，并要领先防守③。④和⑤位于弱侧，因此要向篮下靠近，协助防止①从中路突破，协助防止③反切篮下。

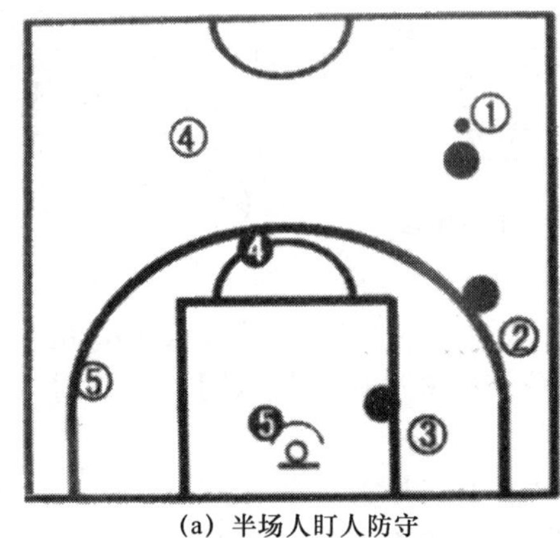
（a）半场人盯人防守

（b）2-1-2区域联防

图 6－50　防守方法

（2）联防防守。

联防，即 5 个防守队员按照一定的队形站位，每人防守相应的区域，从而形成一张活动的防守网。这种防守的特点是：守区、防人、防球和加强对篮的纵深防守；以球为主，人球兼顾。防守阵形有“2－3”“1－3－1”“2－1－2”等。每种阵形都有其针对性，因

“2－1－2”阵形兼顾性最好，故常被采用。

“2－1－2”区域联防见图 6－50（b）：球在外围弧顶时的防守配合。④持球时，应根据对方的进攻阵型和对方中锋的位置决定两人的防守配合。向上移动防守④，要稍向右移动，协助防守⑤，并准备抢断④传给⑥的球，向上移动防守⑤，向上移动防守⑦，并兼顾防守篮下，防守⑧的篮下活动。

三、篮球运动规则

（一）比赛场地

篮球比赛是在一块平坦、坚实且无障碍物，长 28 米、宽 15 米（从界线的内沿丈量）的长方形场地上进行的。场地如图 6－51 所示。

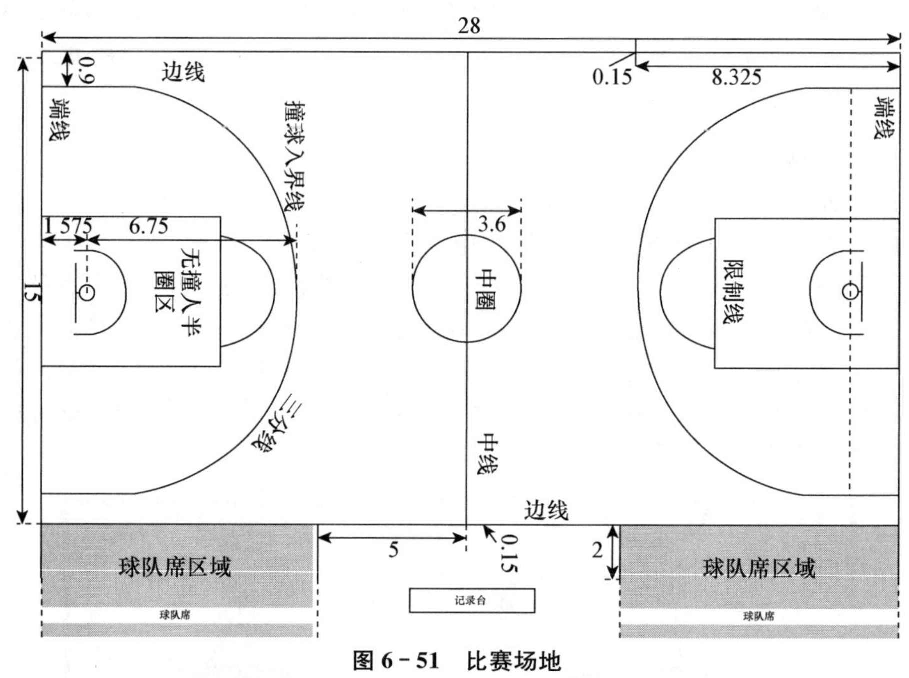

图 6－51 比赛场地

（二）比赛规则简介

（1）篮球比赛有两个队参加，每队上场 5 人，其中 1 人为队长，替补球员不超过 7 人。

（2）在 3 分区内将球投入对方球篮得 2 分；在 3 分区外投入对方球篮得 3 分；罚球中 1 次得 1 分。

（3）比赛由 4 节组成，每节 10 分钟。在第 1 节和第 2 节（第一半时）之间，第 3 节和第 4 节（第二半时）之间以及每一决胜期之前有 2 分钟的比赛休息时间；两个半时的比赛休息时间为 15 分钟，以全场得分多者为胜。

（4）如果在第 4 节比赛时间终了时比分相等，需要一个或多个 5 分钟的决胜期来继续比赛，直至决出胜负。

（5）比赛中每队的换人次数不限。但是，在第一半时的任何时间每队可准予 2 次要登记的暂停。

（6）整个比赛过程中由裁判员（包括主裁判员和副裁判员）、记录台人员（包括记录员、助理记录员、计时员和 24 秒钟计时员）和技术代表管理。

（7）违例，即违反规则。罚则是将球权判给对方队在靠近发生违例的地点掷球入界。

1）带球走：当持活球的队员用同一脚向任何方向踏出一次或多次，其另一脚（称为中枢脚）不得离开与地面的接触点，如果中枢脚离开了这个接触点，就构成带球走违例。

2）非法运球：队员在运球后，用双手同时触及球或允许球在一手或双手中停留时运球即完毕，运球结束后，除非失去控球权后又重新控制球，否则不得再次运球，如果再次运球，则为非法运球违例。

3）拳击球或脚踢球：比赛中队员不得故意用拳头击球或用腿的任何部位去阻挡球，两者均判违例。如果球偶然地接触到腿的任何部位，或者腿的任何部位无意碰到球，则不算违例。

4）球回后场：在比赛中，前场控制球的队，不得使球再回到后场，否则为球回后场违例。具体判定球回后场有以下 3 个条件，且这 3 个条件必须一次连续发生：

a. 该队必须控制球；

b. 球进入前场后，在球又回到后场前该队队员（或裁判员）最后触及球；

c. 球回后场后，该队队员在后场最先触及球。

5）干涉得分和干扰：投篮（罚球）的球在飞行下落并完全在篮圈水平面之上时，双方队员不可触及球。当投篮的球触及篮圈时，双方队员都不得触及球篮或篮板，不得从下方伸手穿过球篮并触及球，不得使篮板和篮圈摇动。如果进攻队员违反这一规定，不论是否投中，均判为投篮（罚球）队员得分，得分标准同球已进入球篮的得分标准。

6）3 秒违例：当某队在前场控制活球并且比赛计时钟正在运行时，该队队员在对方限制区内持续停留的时间不得超过 3 秒钟，否则违例。

7）5 秒违例：进攻球员必须在 5 秒钟之内掷出界外球；在被严密防守时，必须在 5 秒钟之内传、投或运球；当裁判员将球递给罚球队员时，该队员必须在 5 秒钟内出手，否则违例。

8）8 秒违例：一个球队从后场控制活球开始，必须在 8 秒钟内使球进入前场（对方的半场），否则违例。

9）24 秒违例：每当一方队员在场上获得控制活球的资格时，该队必须在 24 秒钟尝试投篮，否则违例。

（8）犯规是对规则的违犯，包含与对方队员的非法身体接触和违犯体育道德的举止。对违犯者登记犯规并按规则予以处罚。

1）侵人犯规：是队员与对方的接触犯规。无论球是活球还是死球，队员均不应通过伸展其手、臂、肘、肩、髋、腿、膝或脚来拉、阻挡、推、撞、绊、阻止对方队员行进，以及不应将其身体弯曲成“反常的”姿势（超出其圆柱体），也不应该出现任何粗野或猛烈的动作。在所有情况下都要给犯规队员登记 1 次侵人犯规。如果对未做投篮动作的队员犯规，由非犯规队在靠近犯规地点的界外掷球入界重新开始比赛。如果犯规队处于全队犯规处罚状态，则应判给未做投篮动作的队员 2 次罚球，代替掷球入界。如果对正在做投篮动作的队员犯规，若投篮成功，则应计得分并判 1 次追加罚球；若未投中，则要根据投篮的地点，判 2 次或 3 次罚球。

2）技术犯规：是包含双方队员和球队席人员行为性质的队员的非接触犯规。如不顾裁判员警告；没有礼貌地触犯裁判员、技术代表、记录台人员或球队席人员；有冒犯或煽动观众的语言举止；戏弄对方队员或在对方队员的眼睛附近摇手妨碍其视线；在球过球篮后，故意触及球以延误比赛；阻碍迅速地执行掷球入界以延误比赛；假摔以伪造1次犯规等。

队员的技术犯规，应给其登记1次技术犯规，作为全队犯规之一计数。教练员、替补队员和随队人员的计数犯规，对每一起犯规行为都要登记教练员1次技术犯规，但不作为全队犯规之一计数。

对技术犯规的处罚，是判给对方2次罚球，以及随后在记录台对面的中线延长部分掷球入界或在中圈跳球开始第一节（如犯规发生在第一节比赛前）。

3）违反体育道德的犯规：根据裁判员的判断，一名队员不是在规则规定的范围内合法地试图直接去抢球。发生接触犯规是违反体育道德的犯规，应给犯规队员登记1次违反体育道德的犯规，判给对方罚球，以及随后在记录台对面的中线延长部分掷球入界或在中圈跳球开始第一节（如犯规发生在第一节比赛前）。

4）罚球的次数按如下规定：对没有做投篮动作队员的犯规应判给2次罚球；对正在做投篮的队员发生的犯规，如中篮，应计得分并加判给1次罚球；如未中篮，应判给2次或3次罚球。

第三节　排球运动

运动箴言

我可以接受失败，但无法接受放弃！

小知识

最初的排球游戏是在篮球场挂一张网，两队隔网站立，以篮球胆为球，在网上打来打去，不使其落地。斯普林菲尔德市立学院的特哈尔斯戴博士将其命名为volleyball，意为“空中飞球”。

一、排球运动的基本技术

（一）准备姿势

半蹲准备姿势动作要领：两脚自然开立，双膝适当弯曲，脚后跟稍提起，两腿微动；收腹，重心前移，两臂弯曲，两眼注视来球。见图6-52。

移动的步法分为：并步与滑步、跨步、交叉步、跑步。下面介绍其中几种。

1. 滑步

球距离身体较远、弧线较高时用滑步：右（左）脚先向右（左）迈出一步，左（右）脚迅速并上。见图6-53。

图 6-52 准备姿势

图 6-53 滑步

2. 跨步

跨步与交叉步移动距离近，便于接距身体 1～2 米的低球；移动时步幅较大，身体重心较低，可以向前、向斜前或向侧方移动。见图 6-54。

3. 交叉步

来球距身体两米左右，上体稍向右（左）转，左（右）脚从右（左）脚前面向右（左）交叉迈出一步，然后右（左）脚向右（左）跨出一大步，同时身体转向来球方向，保持击球前的姿势。见图 6-55。

图 6-54 跨步

图 6-55 交叉步

（二）发球（以右手发球为例）

1. 正面下手发球

左手将球在身体右侧抛起约 20 厘米，右手顺势后摆，右脚蹬地发力，右臂加速前摆，用掌根（或者虎口）击球的后下部，见图 6-56。

图 6-56 正面下手发球

2. 侧身下手发球

侧身下手发球与正面下手发球基本相同，不同的是把握好向左做转体的角度。

3. 正面上手发球

左脚在前，左手托球于体前，抛球于体前右肩上方约 50 厘米，右手顺势后摆，右脚蹬地重心前移，以收腹、屈体、挥臂击球，以全手掌击中球的后下部，做到推、包、压，使球向前下旋，见图 6-57。

图 6-57 正面上手发球

（三）垫球

准备姿势：两脚开立，稍比肩宽。

正面双手垫球动作要领：双臂伸直夹紧，上下肢协调用力，一插、二夹、三蹬地、四抬臂，击球点在前臂关节以上 10 厘米左右处。见图 6-58。

图 6-58 垫球

练习方法：

（1）两手垫固定球，见图 6-59。两人一组，一人持球于腹前，另一人用垫球动作击球。要求：体会击球部位。

（2）自垫高、低球，见图 6-60。要求：体会上下肢协调用力。

图 6-59 两手垫固定球

图 6-60 自垫高、低球

（3）对墙连续垫球，见图 6－61。

图 6－61　对墙连续垫球

（4）垫抛球，见图 6－62。一人抛球，一人垫球。要求：抛球到位，左、右、前、后抛球。

图 6－62　垫抛球

（5）相距 4～5 米，两人对垫，见图 6－63。

图 6－63　两人对垫

（四）传球

准备姿势：稍蹲，面对来球，双手自然抬起，放松，置于脸前。

动作要领：正对来球，两手自然张开与球吻合，蹬地伸臂，于前额上方主动迎球。上下肢协调用力，重心前移。见图 6－64。

图 6－64　传球

小知识

运动员在接低球和扑救球时容易擦伤（皮肤表面受到摩擦后的损伤），首先需要止血，用手指按住出血点止血（指压法）；可冷敷、抬高肢体、绷带加压包扎。

练习方法：

（1）对墙传球，见图 6－65。由近到远，距离墙 25 厘米传球，体会手指手腕用力；距离墙 150 厘米传球，体会上肢配合用力。

图 6－65　对墙传球

（2）两人对传，见图 6－66。两人相距 3～4 米，对传。要求：传球有一定弧度，随时准备移动。

图 6-66 两人对传

（五）扣球

动作要领见图 6-67。

（1）先右脚向前走一步（找方向），左脚向前迈出一步（把握好节奏），右脚跨出一大步的同时左脚快速跟上，身体略向右侧身，踏地完成踏跳步（起跳有力）。

（2）挥臂时，以迅速转体、收腹动作发力，依次带动肩、肘、腕各关节成鞭打动作向前上方弧形挥动，在右肩前上方最高点击球。以全掌包满球，手腕用推压动作，使球向前下方旋转飞行。

（3）落地时，身体自然下落，缓冲落地，保持平衡。

图 6-67 扣球

练习方法：

（1）扣击固定球，见图 6－68：两人一组，一人双手持球举至头顶，另一人挥臂扣击固定球。要求：体会击球点和手型。

图 6－68　扣击固定球

（2）两人一组，隔网对站，抛球、挥臂、鞭打，击球反弹过网。要求：体会手腕及腰背的鞭打动作。

（3）网前助跑起跳，见图 6－69。要求：掌握助跑起跳步法。

图 6－69　网前助跑起跳

（4）跳扣固定球或扣固定吊球，见图 6－70。要求：体会跳点、扣球击球点和手型。

图 6－70 跳扣固定球或扣固定吊球

二、排球运动的基本战术

要想赢得排球比赛胜利，必须从接球和防守开始练习，二传是组织进攻战术的核心，也是进攻战术的组织者。因此，了解排球比赛阵容配备、进攻及防守战术是赢得比赛胜利的根本。

（一）阵容配备

1．“四二”配备

4 名进攻队员和 2 名二传队员。4 名进攻队员都站在对角位置上。见图 6－71。

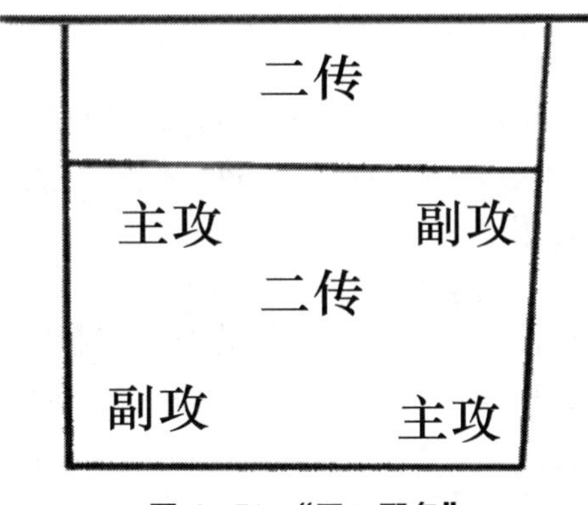

图 6－71 “四二配备”

这种阵容配备的特点：比赛中每一轮的前后排都有 1 名二传手，2 名攻手（即 1 名主攻手和 1 名副攻手）。其作用是便于组织进攻，发挥本队的攻击力量，较容易组成“中一二”与“边一二”进攻战术。此阵容配备多为初学者和一般水平的球队采用。

2．“五一”配备

5 名进攻队员和 1 名二传队员。加强进攻拦网的力量，配 1 名有进攻能力的接应二传，弥补主要二传队员来不及传球时出现的被动局面。见图 6－72。

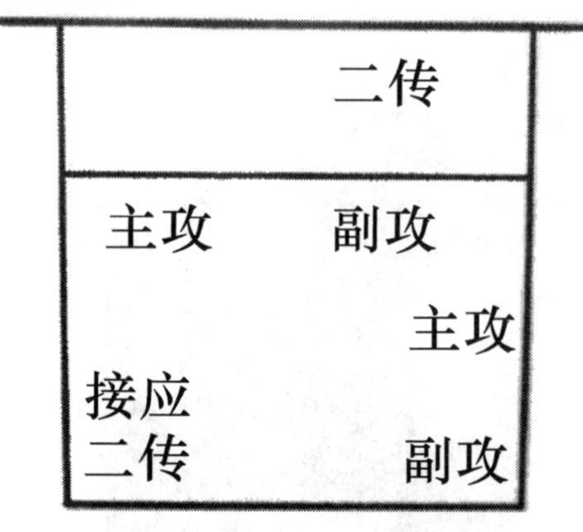

图 6-72 “五一”配备

这种阵容配备的特点：比赛中只有 1 名二传手，其他队员为进攻手。其优点是有利于加强进攻和拦网力量，进攻点多而灵活。但是对二传手的要求较高。

小知识

排球世界锦标赛是排球运动开创以来举办的第一个世界范围大赛，也是排球运动中最重要的赛事之一。

排球世界锦标赛是由国际排球联合会（FIVB）创办的。

第一届男子排球世界锦标赛于 1949 年在捷克斯洛伐克首都布拉格举行。

第一届女子排球世界锦标赛于 1952 年在苏联的莫斯科举行。

排球世锦赛每四年举办一次，在排球运动中的地位相当于足球中的世界杯。

（二）进攻战术

1. “中一二”进攻战术

③号位队员作二传，将球传给④、②号位队员进攻的组织形式。见图 6-73。

特点：二传手居中，易于接应，便于组织进攻。但其只能两点进攻，战术变化少。这种站位适合初级水平的球队运用。

2. “边一二”进攻战术

②号位队员作二传，将球传给③、④号位队员进攻的组织形式。见图 6-74。

特点：两名进攻队员位置相邻，便于相互配合，从而能打出多变的战术球。

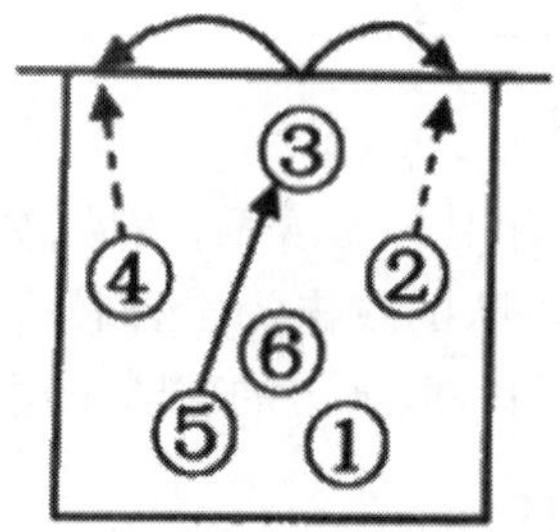

图 6-73 “中一二”进攻战术

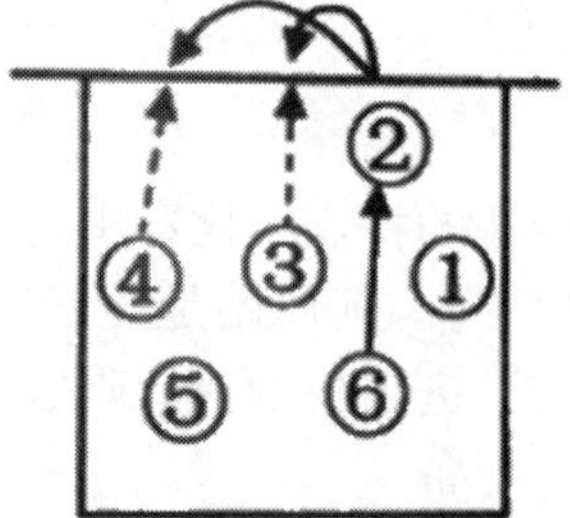

图 6-74 “边一二”进攻战术

3. “插上”进攻战术

①号进攻队员由后排插到前排作二传，把球传给④、③、②号队员进攻的组织形式。见图 6-75。

特点：有利于组织各种进攻战术，进攻点灵活。

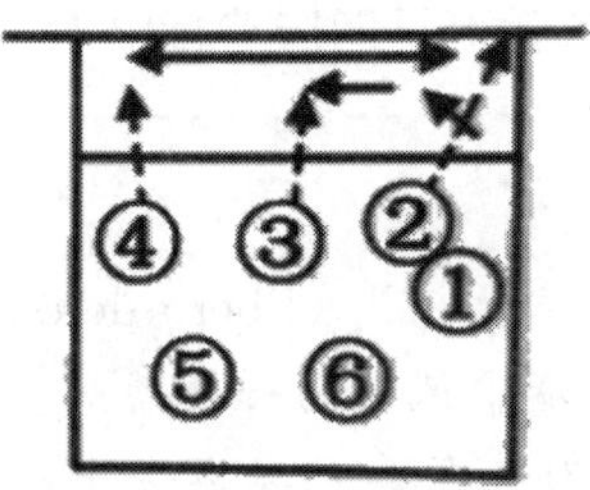

图 6-75　“插上”进攻战术

（三）防守战术

这里主要介绍接发球阵型。

1. “W”站位阵型

初学者比赛多采用“中、边一二”进攻阵型，大多数站成“W”形，也称“一三二”型站位。5 名队员分布均衡，前面 3 名队员接前场区的球，后排 2 名队员接后场区的球，职责分明。其缺点是后排 2 名队员接发球压力大。

2. “M”站位阵型

“M”形站位，也称“一二一二”站位，其优点是队员分布更加均匀，分工明确，前面 2 名队员接前区球，中间队员负责中区的球，后面 2 名队员接后区球。

三、排球运动规则

（一）胜一球、胜一局和胜一场

比赛采用每球得分制，胜一球即得 1 分。

比赛采用 5 盘 3 胜制。比赛的前 4 局以先得 25 分，并同时超出对方 2 分的队为胜，比分为 24∶24 时，继续比赛至某队领先 2 分为胜一局。决胜局以先得 15 分，并同时超出对方 2 分的队获胜，当比分为 14∶14 时，继续比赛至某队领先 2 分为止。

（二）关于“自由防守队员”的规定

自由防守队员即“自由人”。

(1) 每队可选择 1 人为“自由人”。

(2)“自由人”必须穿着与其他队员不同颜色的上衣。

(3)“自由人”可以在比赛中断和裁判鸣哨发球之前，从进攻线与端线之间的边线处自由进出，换下任意后排球员，不计换人次数，其上下次数也不限，但其上下两次之间必须经过一次发球的过程。

(4)“自由人”不能发球和拦网。

(5)“自由人”在任何区域都不得将高于球网上沿的球直接击入对方场内。

(6)“自由人”在前场区及前场区外无障碍区上手传出高于球网上沿时，其他队员不得进行进攻性击球；当其在后场区外无障碍区上手传出高于球网上沿的球时，其他队员可以进行进攻性击球。

(7) 如果“自由人”受伤，经裁判允许可由该队任一队员替换，但替换下来的“自由人”本场不能再次参加比赛，替换者也只能按“自由人”的规定参加比赛。

小知识

自由人：“自由球员”或“自由人”(libero defensive player，简称 libero)是国际排联于1996年世界女排大奖赛中试行的一项规则。自由防守球员的功能在于加强防守，达到平衡攻守的效果。2000年悉尼奥运会中，首次规定每次换发球之后记录并播报比赛成绩。该届奥运会上，也开始出现“自由人”。

“自由人”作为排球比赛新规则的产物，在比赛中发挥着巨大的作用。“自由人”在接发球和防守中有明显的优势；合理地选拔、培养“自由人”，并设计出行之有效的战术，是提高全队战斗力，发挥“自由人”优势的有效途径，也是赢得比赛胜利的保证。

(三) 发球犯规

1. 发球击球时的犯规

(1) 发球次序错误：取得发球权队的6名场上队员必须按顺时针方向轮转位置，由轮到后排右侧的队员发球，未按次序发球则为犯规。

(2) 发球区外发球：发球队员在发球时不受位置错误的限制。在发球击球时或起跳发球时，踏及场内或在发球区外为犯规。跳发球队员击球前允许在发球区外助跑，但起跳时必须在发球区，击球后可以踏及场内或发球区外。

(3) 发球时球应被抛起，或持球手撤离后，在球落地前，用一只手或手臂的任何部位将球击出。如在发球击球时，球未清楚地离手，则判发球时球未抛起犯规。

(4) 发球开始计时8秒钟仍未将球发出，判失1分。

2. 发球击球后的犯规

(1) 发出的球触及发球队一方的球员、球网或未通过球网垂直平面，判失1分。

(2) 界外球：球接触地面的部分完全在界线以外；球触及场外物体、天花板或非场上比赛的成员等；球触及标志杆、网绳、网柱或球网标志带以外部分；球的整体或部分从过网区以外过网；球的整体从网下穿过，以上情况均视为界外球。而球触及比赛场区的地面包括界线为界内球。

(3) 发球掩护：任何一名发球队的队员，以挥臂、跳跃或左右晃动等动作妨碍对方接发球，并且发出的球从他们的上空飞过，则构成个人掩护。发球队有2名或更多队员密集站立遮挡发球队员，并且发出的球在其上空飞过，则构成集体掩护，均应判发球方失1分，并换对方发球。

(四) 位置错误

发球击球瞬间，双方任何一名队员不在规则规定的位置上，则构成位置错误犯规。

位置错误有同排队友，如前排的②、③、④号位队友的位置不能站错，即同排左边或右边队员的一只脚的某部分必须比同排中间队员的双脚距离同侧边线更近（允许部分重叠）。再如同列队员中，前排队员一只脚的某部分必须比同列后排队员的双脚距离中线更近。同时，前后排队友的位置也不能发生错误，即后排队员不能超越前排队员，或前排队员不能站在后排队员的后面。

如出现以上犯规，则判失 1 分。

（五）击球时的犯规

1. 击球

一个队连续击球 4 次（拦网 1 次除外）为 4 次击球犯规。

2. 持球

球必须击出，而不是接住或抛出，使球有停滞感。

3. 连击

1 名队员连续击球 2 次或球连续接触身体的不同部位即为连击犯规（拦网 1 次和第 1 次击球不算连击）。

（六）在球网附近的犯规

1. 过网击球

当对方进攻性击球前或击球时，在对方空间触及球或触及对方球员均为过网击球犯规。如果击球点尚在本方场区上空，击球后随手过网则不判犯规。

2. 过中线

比赛进行中，队员整个脚、整个手或身体其他部位完全越过中线触及对方场区时，即为过中线犯规。但是如果队员一只脚或两只脚，一只手或双手越过中线触及对方场区的同时，其余部分还接触或置于中线上空是允许的，不判为犯规。比赛中断后队员可以进入对方场区，因此必须清楚判断是先成死球还是先过中线。

3. 网下穿越

网下穿越进入对方空间的队员是否妨碍对方比赛，关键是看网下穿越进入对方空间的队员是否妨碍对方比赛，只要妨碍就是犯规。

4. 触网

比赛进行中，任何队员触及 9.50 米以内的球网、标志杆均为触网犯规。但如果队员未进行击球时偶尔触网，不判犯规。另外，由于球被击入球网造成网触及队员，属被动触网，不算犯规。

5. 进入对方无障碍区的球

球的整体部分从过网区以外进入对方无障碍区，队员不进入对方场区的前提下将球从同侧过网区以外击回是允许的。击球时，对方球员不得阻碍干扰。

（七）拦网犯规

1. 过网拦网

在对方进行攻击性击球（包括扣球、吊球、第 3 次击球，以及本队有过网趋势的传球）前或击球时，在对方空间拦网触球。

2. 后排队员拦网

后排队员靠近球网，将手伸向高于球网处阻拦对方来球，并触及球。

3. 拦发球

拦对方发过来的球即为犯规。

（八）进攻性击球犯规

1. 后排队员进攻性击球

后排队员在前场区内，或踏及进攻线，击整体高于球网上沿水平面上的球，并使球的整体由过网区通过球网垂直面或触及对方拦网球员，即为犯规。

2. 在前场区击发球

在前场区对对方发过来的高于球网的球，完成进攻性击球（如扣球、吊发球）为犯规。但在后场区起跳，击球后仍在后场区落地不犯规。

第四节　乒乓球运动

运动箴言

以我为主，积极主动，机动灵活。拼变化，拼胆量，拼创意。

小知识

乒乓球运动员要求有快速的反应、过人的眼力和手的协调力。乒乓球最快时速可达 160 千米/小时。

乒乓球运动从 1998 年开始进入奥运会。

一、乒乓球运动的基本技术

（一）准备姿势

两脚开立约与肩宽，两膝微屈稍内扣，以前脚掌内侧着地，身体重心在两脚中间，上体微前倾，下颌微收，两眼注视来球，持拍手臂自然弯曲，手腕放松，置于腹前，双手自然弯曲抬起高于台面。见图 6 - 76。

图 6 - 76　准备姿势

（二）基本步法

乒乓球运动的技术由两个重要因素组成，一是手法，二是步法。手法是乒乓球技术的生命，步法是乒乓球技术的灵魂。步法不到位，技术就无法正常发挥，手法也就无法体现。在此，我们着重介绍其中几种基本步法。

1. 单步

以一脚为轴，另一脚向前、后、左、右任何一个需要的方向移动一步，移步完成时身体重心也随之落到移动的脚上。见图 6-77。

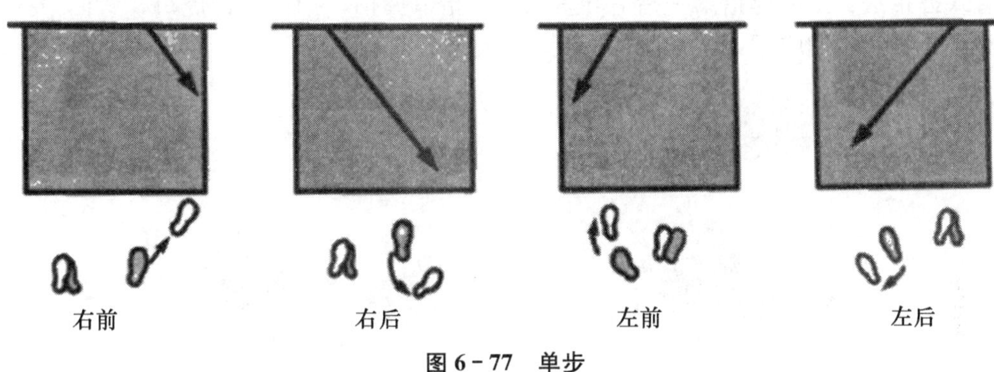

图 6-77 单步

2. 跨步

远离来球的一脚蹬地，靠近来球的脚向移动方向跨出一大步，身体重心随即落到该脚上，另一只脚再跟着移动一步。见图 6-78。

3. 跳步

远离来球的一脚蹬地，两脚同时离地向来球方向跳动，最先移动的脚先落地，另一只脚跟着着地。见图 6-79。

4. 交叉步

靠近来球方向的脚先做一小垫步并用力蹬地起动，身体向来球方向转动，远离来球的脚越过靠近来球方向的脚跨出一大步，两脚在身体前形成交叉。远离来球的脚将落地时击球，同时上体顺势面向球台，靠近来球方向的脚随之落在另一只脚的侧后方。见图 6-80。

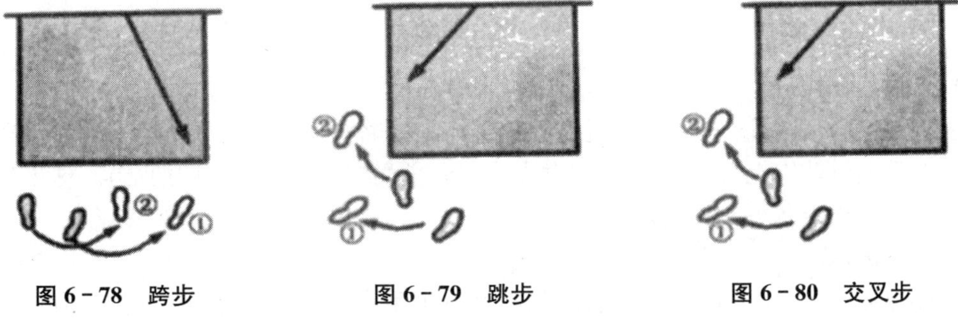

图 6-78 跨步　　图 6-79 跳步　　图 6-80 交叉步

（三）技术与练习方法

1. 基本技术

（1）握拍。

乒乓球拍的握法有多种，最为常见的有两大类，即横式握拍法和直式握拍法，见图 6－81。

横式握拍法：中指、无名指和小指自然握住拍柄，拇指在球拍正面紧贴中指旁，食指自然伸直斜放于球拍背面，虎口轻微贴拍。

直式握拍法：正面拇指第一指节和食指第二指节握拍，拍柄压住虎口，背面中指、无名指和小指自然弯曲收起，尽量让拍面利于击球。

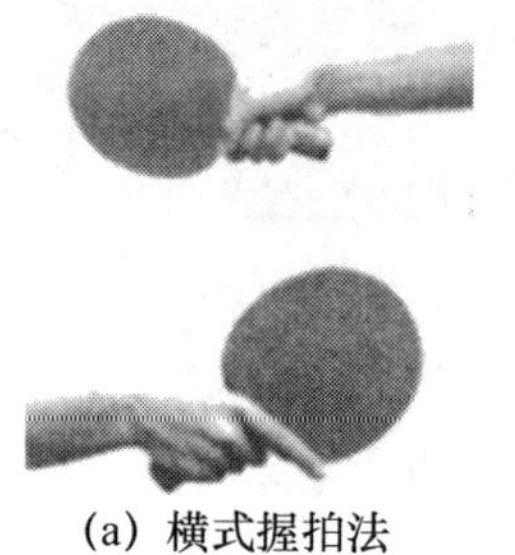

(a) 横式握拍法

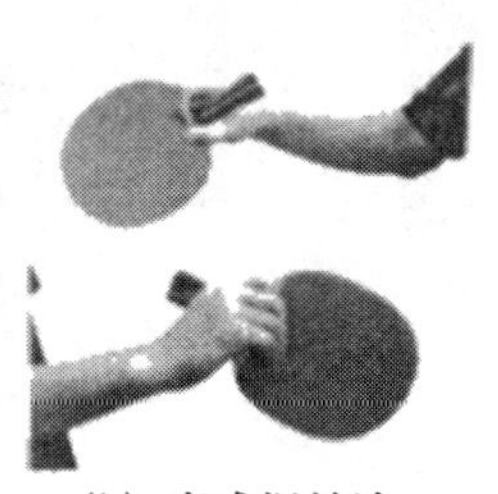

(b) 直式握拍法

图 6－81 握拍

（2）推挡。

推挡见图 6－82。离台 40 厘米左右，站在球台左半台的 1/3 处呈准备姿势，拍面半横状，拍形稍前倾。在来球的上升期，击球的中上部，前臂和手腕用力向前并略向上推出，食指稍用力压拍拇指略放松。

图 6－82 推挡

（3）正手近台快攻。

正手近台快攻见图 6－83。站在近台，前臂与地面略平，以前臂发力为主，拍形前倾，在来球的上升期触球中上部以向前上方发力为主。前臂挥动要快，用力适当。球击出后，还原要迅速，放松准备下一板击球。

（4）反手拨球。

反手拨球见图 6－84。站在近台右脚稍前，持拍手自然弯曲置于腹前偏左，重心偏于左脚，观来球线路向后引拍。当球从台上弹起，持拍手由左后向右前上加速挥拍，前臂发力为主，手腕外转，拍形前倾，重心移至右脚，在来球的上升期击球的中上部。

图 6-83　正手近台快攻

图 6-84　反手拨球

（5）反手慢搓。

反手慢搓（横板、直板）见图 6-85。近台站位，右脚稍前，持拍手臂自然弯曲。击球时用前臂和手腕向前下方用力，拍形后仰，在来球的下降期击球的中下部。

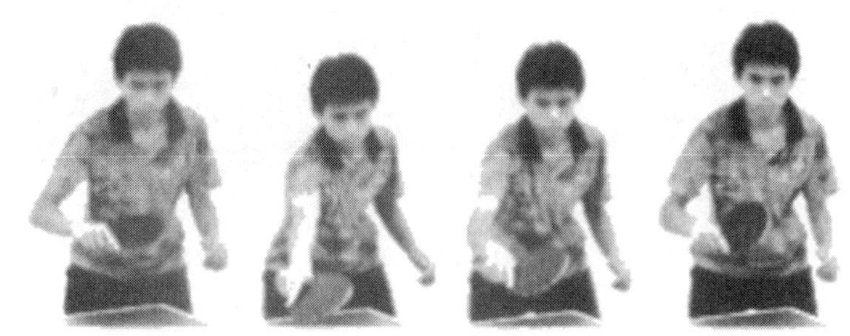

（a）横板反手慢搓

（b）直板反手慢搓

图 6-85　反手慢搓

（6）反手直拍横打。

反手直拍横打见图 6-86。身体重心放低，左脚前，右脚后，前臂抬起，自然放松。

腰部左转，带动手臂引拍，前臂以及手腕内收。击球时，向右转腰，带动手臂自然迎前，在来球的上升期向前上方击球。击球瞬间，前臂以及手腕向外伸展，触球中上部。

图 6-86 反手直拍横打

(7) 弧圈球。

弧圈球（横板、直板）见图 6-87。拉球准备动作是左脚在前右脚在后，身体向右扭转，右肩略高于左肩。拉加转球，手臂自然下垂，在来球的下降期，拍形稍前倾，摩擦球的中部偏上位置，发力向上为主略带向前。以转腰带动肩、上臂、前臂和手腕发力将球击出。

(a) 横板弧圈球

(b) 直板弧圈球

图 6-87 弧圈球

2. 发球技术

(1) 平击发球。

平击发球（横板、直板）见图 6-88。发球时，持球手向上将球轻抛起，同时持拍手向后引拍。当球从高点下降低于球网时，持拍手以肘部为轴心，前臂向右前方横摆击球。向前挥拍时，拍形前倾，击球中上部。击球后第一落点在本方球台的中部。

(a) 横板平击

(b) 直板平击

图 6-88 平击发球

(2) 正手发下旋球。

正手发下旋球（横板、直板）见图 6-89。拍面稍后仰，引拍至身体右后上方。当球下降至低于球网时，前臂迅速向前下方用力摩擦球，触球的中下部。第一落点在本方球台端线附近。

(a) 横板正手发下旋球

(b) 直板正手发下旋球

图 6-89 正手发下旋球

3. 接发球技术

接发球时要注意拍形和击球时间。拍形是指拍面与台面所形成的角度，它分为前倾、稍前倾、垂直、稍后仰和后仰 5 种，见图 6－90。在击球的过程中，要保持合理的拍形。击球时间指来球在本方台面弹起后形成第二弧线的不同阶段，大致可以分为 5 个时期：上升前期、上升后期、高点期、下降前期、下降后期，见图 6－91。

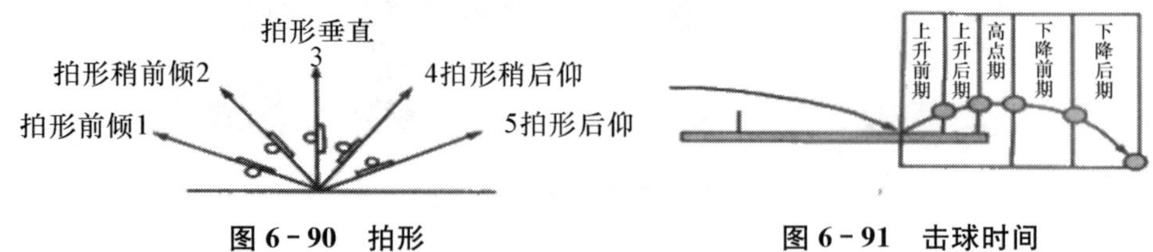

图 6－90　拍形　　　　图 6－91　击球时间

（1）接平击发球。

站位靠近球台，借助来球的反弹力，用推挡、反手直拍横打、反手拨球、正手近台快攻等动作，在来球的上升期或高点期击球，以向前用力为主略向上。

（2）接下旋球。

发过来的下旋球球速较慢，触拍后向下反弹，可用搓球回接，注意拍面后仰以增加向前上方的发力，击球时间为下降前期；也可以用拉球回接，击球时间为下降期，多向上用力，增加摩擦球的动作。

（3）接左（右）侧上旋球。

一般采用推挡、攻球回击最好，接球时拍面角度要稍前倾，拍面朝向左（右）偏斜来抵消来球的左（右）侧旋，加大向前下方的用力，防止球触拍时向自己的右（左）上方反弹。

（4）接左（右）侧下旋球。

一般采用搓球回接，接球时拍面角度要稍后仰，拍面朝向左（右）偏斜来抵消来球的左（右）侧旋，稍向上方用力，防止球触拍时向自己的右（左）下方反弹。

4. 练习方法

（1）单线练习法，见图 6－92：右方斜线对攻；左方斜线反手拨球或直拍横打。

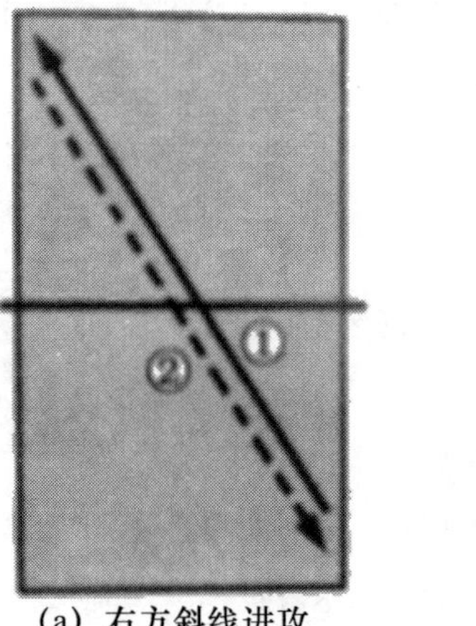

（a）右方斜线进攻

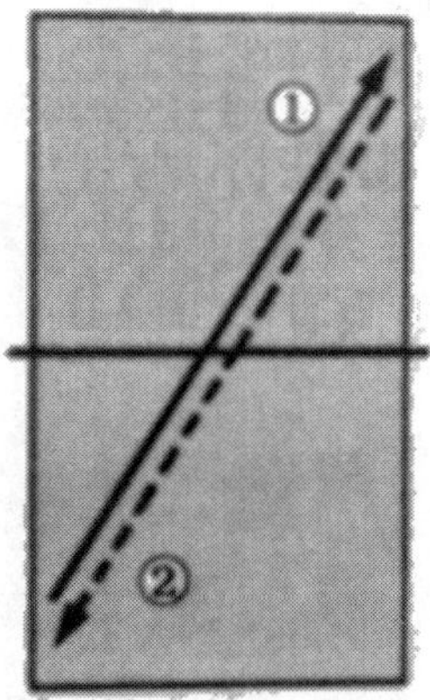

（b）左方斜线反手拨球

图 6－92　单线练习法

（2）复线练习法。

1）两点打一点练习：练习者在规定的两个点上左右循环移动击球，移动步法一般采用跨步。两点设置可以是 1/2 台，也可以是全台。见图 6－93。

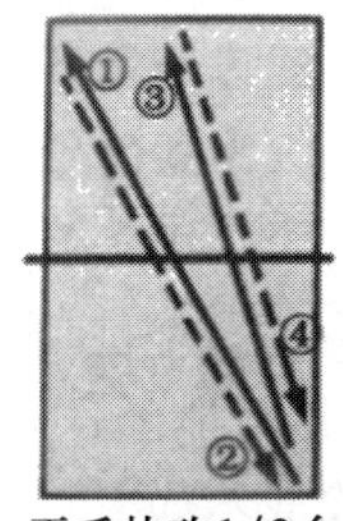

（a）正手快攻1/2台跑位

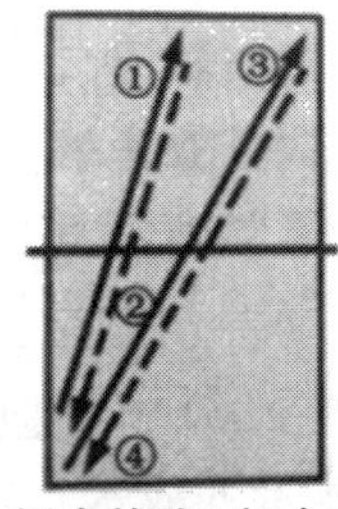

（b）侧身快攻1/2台跑位

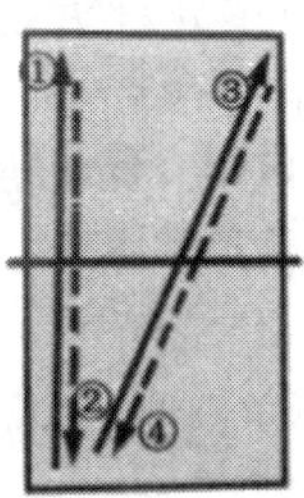

（c）左推（拨）右攻

图 6－93 两点打一点

2）三点打一点规定落点练习：练习者在全台 3 个点上依次进行移动击球。见图 6－94。

3）两斜对两直结合练习：一方只打两条斜线，另一方只打两条直线。用正手、反手回球，移动步法一般采用跨步。见图 6－95。

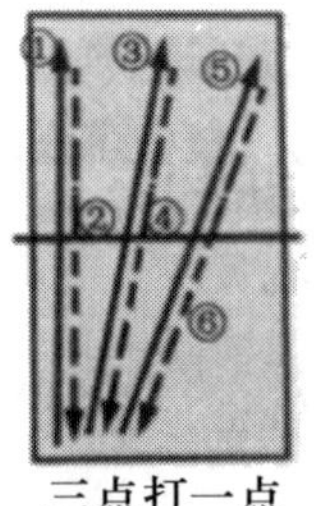

三点打一点

图 6－94 三点打一点

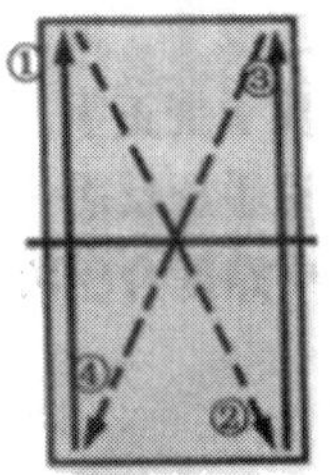

两斜对两直

图 6－95 两斜对两直

二、乒乓球运动的基本战术

一个人不可能所有技术都精通，总会有好有差，运用战术就是为了扬长避短，从而战胜对手。

（一）发球抢攻

运用发球抢攻时，要注意发球与抢攻的配合，所选的发球方式要与自己的技术特长密切结合。发球前，要做到心中有数，预先估计对方可能怎样回接、接到什么位置、自己如何抢攻，以免错失机会。

（1）侧身用正手发平击球后抢攻。通常发球至对手中路偏反手底线大角，再配合正反手攻球。

如对方侧身攻你反手，可用推挡压直线，也可侧身攻直线还击，迫使对方扑救正手位，此时可寻机抢攻。

（2）正手发转球与不转球后抢攻。这是中国选手的拿手好戏，尤其是直拍选手的绝招。

（3）反手发右侧上旋球、下旋球后抢攻。如果你的正手、反手都有一定的进攻能力，不妨也掌握这种战术，以增加变化的余地。

（二）搓攻战术

搓攻战术有以下几种方式：

（1）先搓反手大角再变直线。

（2）搓对方薄弱环节后抢攻。

（3）摆脱搓攻的战术。

（三）对攻战术

尽管“前三板”是乒乓球制胜的一大法宝，但它毕竟不是万能的，还有许多球无法在“前三板”中见胜负，必须运用对攻相持的战术。常用的对攻战术如下：

（1）连压反手，伺机抢攻。

（2）调正手压反手（调右压左）。

（3）压中路配合压两大角。

三、乒乓球运动规则

（一）选择方位和球权

每场比赛开始前，由双方运动员以抽签的方法选择方位和发球权，中签者有选择方位和发球、接受发球权，也可要求对方先做选择。

（二）合法发球

（1）发球时，球应放在不执拍手的手掌上，手掌应静止、张开、伸平，四指并拢，拇指自然张开。

（2）发球过程中，抛球手及球应始终高于台面。

（3）抛球时只能平行上抛，不可以使球旋转，至少应使球在离开抛球手手掌之后上升16 厘米。

（4）当球从高点降落时，发球者才能击球，并使球首先击中发球方台区，然后直接越过或者绕过球网，落至接发球者台区。双打时，发球方必须将球发至本方台面的“右半区”，球弹起过网后落至对方台面的“右半区”。

（5）发球者击球时，球必须处在发球者端线或其假设延长线之内，但不得远于发球者身体离球网最远的部分。

（6）运动员发球时，有责任让裁判能够看清楚他是否按照合法发球规则发球。在一场比赛中，裁判员如果第一次对运动员的发球产生怀疑时，可以中断比赛，出示蓝牌警告发球者，不判失误。

（7）因身体损伤而不能严格遵守合法发球的某些规定时，必须在赛前向裁判声明。

（三）合法还击

对方合法发球或合法还击以后，本方运动员必须击球，使球直接越过或绕过球网，再触及对方台区。

（四）重发球

比赛时出现下列情况应判重发球：

（1）如果发球者发出的球，正越过或者绕过球网装置时，触及球网装置，接触对方合法台区。

（2）球已经发出，但接发球者或其同伴未准备好，而且没有企图击球。

（3）由于发生了运动员无法控制的干扰，而使运动员未能合法发球，合法还击或遵守规则。

（五）暂停比赛

裁判员可以在下列情况下暂停比赛：

（1）要纠正发球、接发球次序或方位错误。

（2）要实行转换发球法。

（3）警告或者处罚运动员。

（4）比赛环境受到干扰，以致回合结果可能受到影响。

（六）失分

除非一个回合被裁判重发球，否则出现下列情况则判失 1 分：

（1）未能发出合法球。

（2）未能合法还击。

（3）拦击或者阻挠。

（4）连续两次击球。

（5）球连续两次触及本方台区。

（6）用不符合规则的拍面击球。

（7）在球处于比赛状态时，运动员及其穿戴的任何物品触及球网或球柱。

（8）在球处于比赛状态时，不执拍手触及台面。

（9）发球时，运动员或其同伴跺脚。

（10）在双打中，运动员没按发球者和接球者确定的顺序击球。

（七）轮换发球法

（1）如果一局比赛进行到 10 分钟仍未有结果（双方均已获得至少 9 分除外，或者在此之前任何时间应双方运动员要求），实行轮换发球法，有如下两种情况：

1）当限制时，球仍处于比赛状态，裁判员应立即暂停比赛，被停回合的发球者发球，继续比赛。

2）当限制时，球未处于比赛状态，应该由前一回合的接发球者发球，继续比赛。

（2）此后，每个运动员都轮发一次球，直至该局结束。如果接发球方进行了 13 次合法还击，则判发球方失 1 分。

（3）轮换发球法一经实行，该场比赛的剩余部分必须一直实行，直至该局结束。

（八）胜负评定

在一局比赛中先得 11 分的一方为胜方，但打到 10 平以后，先多得 2 分者为胜方。一场比赛可以实行三局两胜制或者五局三胜制。

第五节　羽毛球运动

运动箴言

赛场如战场，狭路相逢，勇者胜。

小知识

羽毛球运动起源于1873年英格兰拉斯哥的伯明顿庄园。当时，他们在香槟酒的软木瓶塞上插上鹅羽毛，用简易的球拍开始了这种游戏。后来，此游戏很快被英国人广为接受并流传开来。人们以伯明顿（Badminton）这一地名为此项运动命名。1893年英国创立了羽毛球协会，1899年举行了第一届全英羽毛球锦标赛。此后，羽毛球运动逐渐风靡世界。

一、羽毛球运动的基本技术

（一）基本技术

1. 握拍技术（右手为例）

握拍直接影响羽毛球技术的掌握和提高，在实战中要根据来球的位置和性质，灵活采用不同的握拍方法完成击球动作，以取得最好的击球效果。

常用的握拍方法有两种：正手握拍法和反手握拍法。

（1）正手握拍法：张开右手，让虎口对准拍柄斜棱的第二条棱线，拇指和食指成“V”字形（近似握手的方法），相对贴握在拍柄两侧的宽面上，中指、无名指和小指自然握住拍柄，五指与拍柄呈斜形；食指要高于拇指，掌心要留有空隙。拍柄截面如图6－96所示。

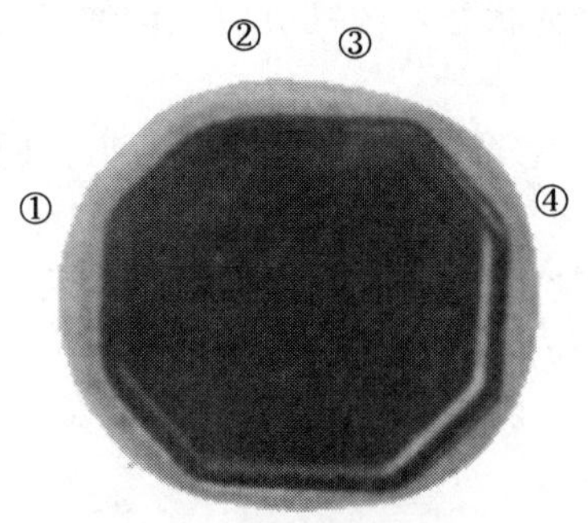

①～④代表4条棱线

图6－96　拍柄截面

（2）反手握拍法：在正手握拍的基础上，拇指和食指将拍柄向外顺时针转，拇指稍向上移高于食指，拇指内侧顶贴在拍柄第一条斜棱左边的宽面上，掌心也要留有空隙。击球时一定要注意立腕，这样便于发力。

小知识

在比赛中，正手、反手在瞬间转换是非常重要的，拇指和食指位置的变化是实现转换的关键，同时要注意到球拍的转向。

2. 发球与接发球技术

（1）发球。

发球代表比赛的开始，其质量直接影响技术和战术的发挥，甚至造成直接得分或失分，见图 6－97。发球分为正手发球和反手发球。正手发高远球、平高球、平射球和网前小球（见图 6－98）的技术动作基本一致，关键在于掌握击球点、拍面和击球力量。

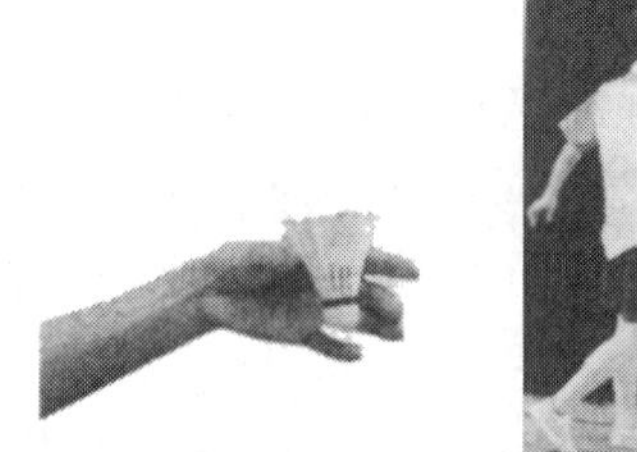

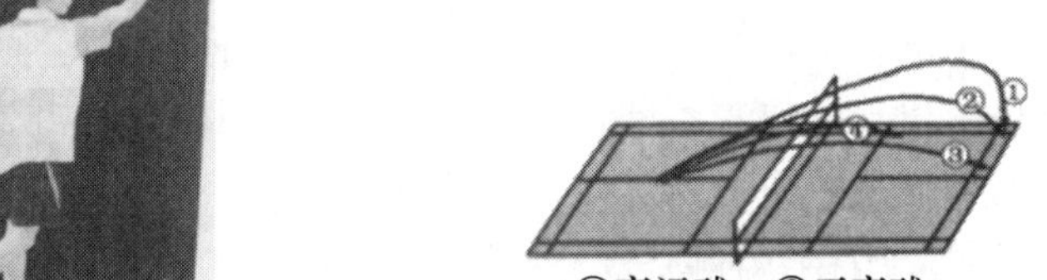

图 6－97 发球

图 6－98 发球的种类

发后场高远球，即在正手位将球击出，要求又高又远，到达底线后几乎是垂直下落，给对方回击球造成较大的困难。发后场高远球的动作过程如图 6－99 所示。

①右手持拍，左手持球，重心放在右脚上

②~④右手引拍，右腿蹬转有力，右侧躯干带动右手经下向前挥拍击球，左手松手使球自然下落。击球时重心放在右腿上

⑤~⑥右臂内旋带动手腕向前快速发力，拍面一定要对准出球方向。注意脚下不能向前移动，否则就违规

图 6－99 发后场高远球

反手发球技术在双打中采用较多，其特点是：动作小、速度快、变化多和隐蔽性好。

正手、反手发球都可以根据需要发出不同弧度和速度的球，包括高远球（正手）、平高球、平射球和网前球。

（2）接发球。

成功的接发球可以后发制人，其决定因素是合理的准备姿势、准确的站位和快速多变的接发球方法，见图 6－100。

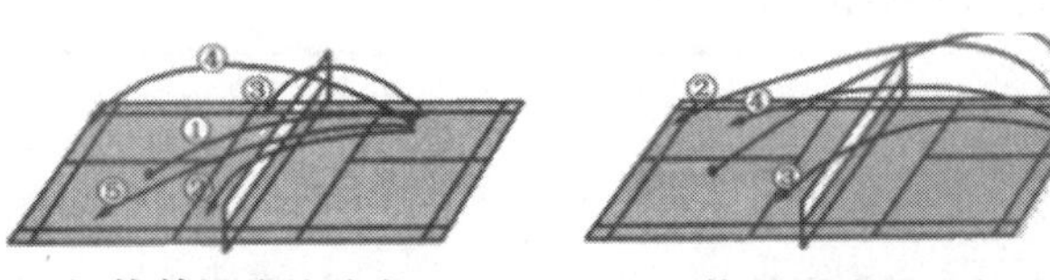

(a) 接前场球的种类

①发前场小球；②勾对角；③搓（放）小球；④推后球场；⑤扑球

(b) 接后场球的种类

①发后场高远球；②回后场球；③吊前场球；④杀球

图 6－100 接发球

3. 击球技术

（1）后场击球技术。

高、吊、杀准备动作和引拍动作必须一致，这样才有更强的隐蔽性和攻击性。

后场击球由于球的位置不同，分为正手、头顶和反手位击球，而每一种击球均可打出直线和斜线两种球路。后场击球技术动作基本一致，关键是击球点和拍面的变化，可击出高远球、平高球、吊球和杀球等。如图 6－101 所示，同一个动作，在 A、B、C、D 四个位置可以分别击出高远球、平高球、吊球和杀球。后场击高远球是后场击球技术的基础，学会打后场高远球后，改变击球点和拍面就可以完成不同的击球技术。

A

B

C

D

图 6－101 后场击球

后场击高远球的动作过程如图 6－102 所示。

（2）中场击球技术。

中场击球技术主要包括平抽快挡和接杀球两种技术。

1）平抽快挡技术。正手抽球技术的动作过程和反手抽球的动作过程如图 6－103、图

6－104 所示。要求：判断反应快、出手击球快、动作幅度小及攻防转化意识强。

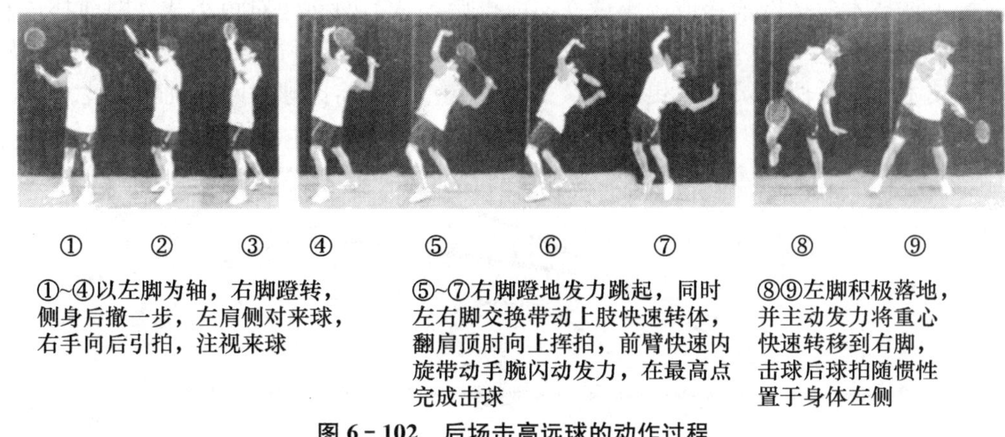

①　②　③　④　⑤　⑥　⑦　⑧　⑨

①~④以左脚为轴，右脚蹬转，侧身后撤一步，左肩侧对来球，右手向后引拍，注视来球

⑤~⑦右脚蹬地发力跳起，同时左右脚交换带动上肢快速转体，翻肩顶肘向上挥拍，前臂快速内旋带动手腕闪动发力，在最高点完成击球

⑧⑨左脚积极落地，并主动发力将重心快速转移到右脚，击球后球拍随惯性置于身体左侧

图 6－102　后场击高远球的动作过程

①　②　③　④　⑤　⑥　⑦　⑧

①正手抽球预先准备　②出脚，做好击球准备，右肩在后　③④摆臂外旋　⑤肘关节展开，内旋　⑥击球点与肩平行　⑦⑧回到中心位置

图 6－103　正手抽球

①　②　③　④　⑤　⑥　⑦　⑧　⑨

①反手抽球先准备　②③出脚，准备击球，反手握拍　④⑤摆动，内旋　⑥⑦展开肘关节，外旋　⑧击球点与肩持平，位于体前　⑨停止，迅速回到中心位

图 6－104　反手抽球

抽挡技术基本相同，挡球不发力，快速将球挡过网即可，而抽球动作幅度较大，力量较强。该技术是双打比赛中争夺主动权的一项常用技术。注意：这项技术要求做准备姿势时，球拍一定要置于肩上；击球后应迅速收拍，做好回击下个来球的准备。

2）接杀球技术。中场接杀球技术可分为接杀球网前球、勾对角球、挑后场球等，每一种技术均可用正手和反手击球。

(3) 前场击球技术。

前场击球技术包括网前搓或放小球、网前推后场球、网前勾对角小球、网前扑球和网前挑后场球，如图 6－105 所示。每一种技术均可用正手和反手击球。相比后场击球技术，前场击球技术要求手法更灵活、更细腻。下面重点介绍网前搓球和网前挑球的技术。

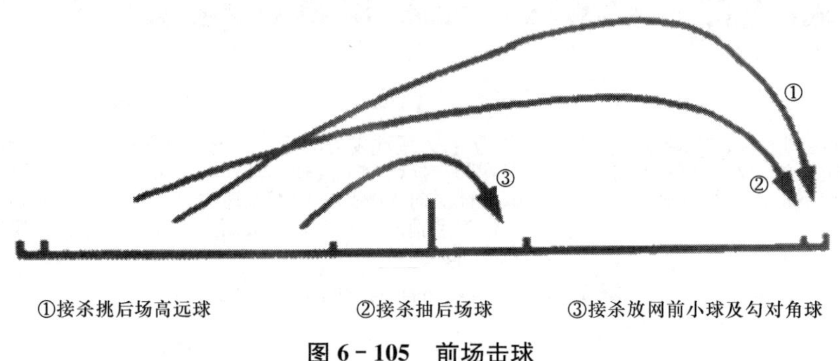

图 6－105 前场击球

1) 网前搓球技术，见图 6－106。快速上网，在高点用手腕和手指捻动球拍包切球的木托，使球在摩擦力的作用下翻转过网，增加对方的接球难度。

图 6－106 网前搓球

小知识

同样的动作可以适用于网前小球、勾对角或推后场。在击球的一瞬间，观察对手的位置和意图，巧妙地选择网前搓球方式，这样才能置对方于“死地”。

2) 网前挑球技术，见图 6－107、图 6－108。正手、反手挑后场高远球是一种过渡打法，尽量将球回到对方的底线附近，目的是摆脱被动状态，以便有较充足的时间回到中间位置，做好反击的准备。

图 6－107 正手挑后场高远球

图 6-108　反手挑后场高远球

4. 基本步法

在羽毛球实战中，准确地判断、快速地起动和移动，击球之后的回动构成羽毛球的基本步法。羽毛球的击球步法有蹬步、跨步、垫步、蹬跨步、蹬转步、交叉步、并步、小碎步、腾跳步等几种移动方式，构成前场上网步法、后场后退步法和中场左右移动步法。发球或接发球之后，应迅速回到中心位置站好。切记：这时右脚应在前约半脚，重心基本也放在右脚的前脚掌上，脚跟提起，眼睛注视对方。这也是我们开始移动的准备姿势。

（1）上网步法。

1）正手上网步法有 3 种方式，见图 6-109。

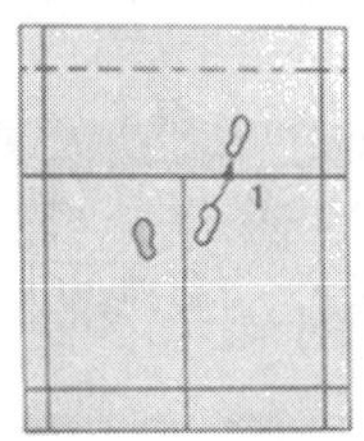

（a）正手一步蹬跨步上网

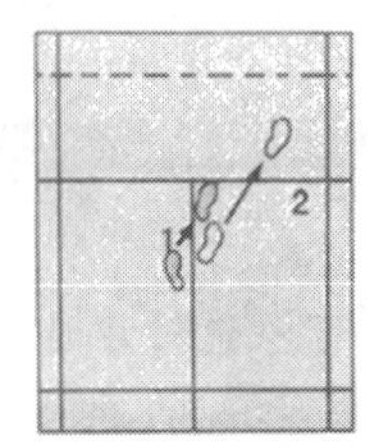

（b）正手前交叉上网

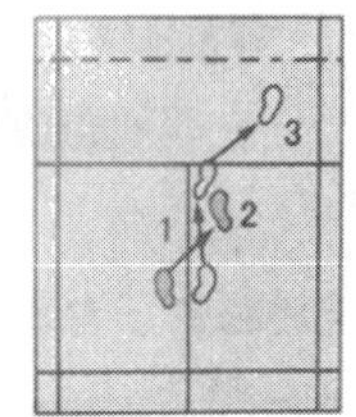

（c）正手后交叉上网

图 6-109　正手上网步法

2）常用反手上网步法有 2 种方式，见图 6-110。

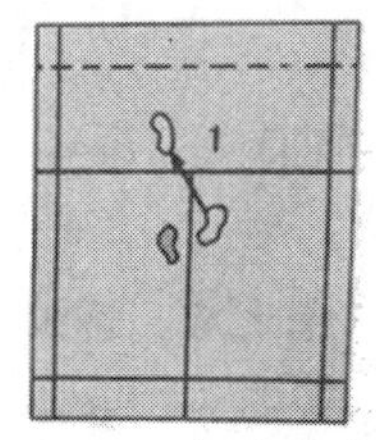

（a）反手一步蹬跨步上网

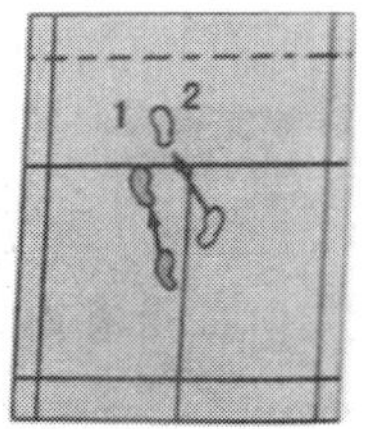

（b）反手前交叉步上网

图 6-110　反手上网步法

如果侧身蹬转一步能完成击球动作，即可直接击球；否则就必须按照图 6-109、图 6-110 所示的步法快速移动身体到达后场。不能用身体的后退代替步法，这样是很被动的。

（2）后场后退步法。

正手位置的后场后退步法见图 6－111。

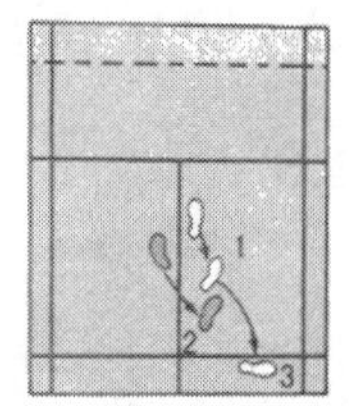

（a）后场交叉步后退

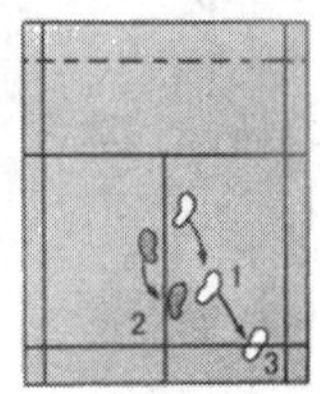

（b）后场并步后退

（c）头顶位交叉步后退

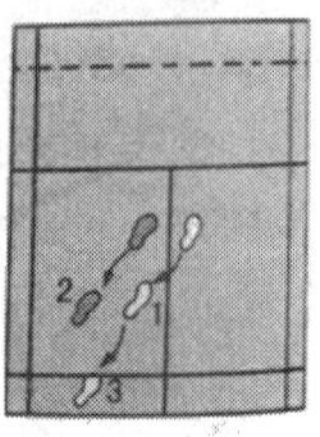

（d）头顶位并步后退

图 6－111　后场后退步法

（二）练习方法

1. 练习击球技术

（1）挥空拍练习。

一般 20～30 次一组，每次练习 3～5 组。这是快速掌握每项击球技术和步法的最有效的途径，在训练中常采用。

（2）击固定球练习。

学习初期，动作掌握不熟练，有时甚至要做分解动作，采用击固定球练习方法有利于掌握击球技术，效果很好，比挥空拍练习更有成就感，且更容易纠正错误动作。

（3）多球练习。

老师或者是同学将球从发球的位置把球发到对方场地的 6 个点上，练习者（A）将球回击到规定的位置（B）上，见图 6－112。多球练习可以在较短时间内，使同学们的击球技术和步法大大提高。练习的方式除图中给出的方式之外，老师可以根据要求自行设计。

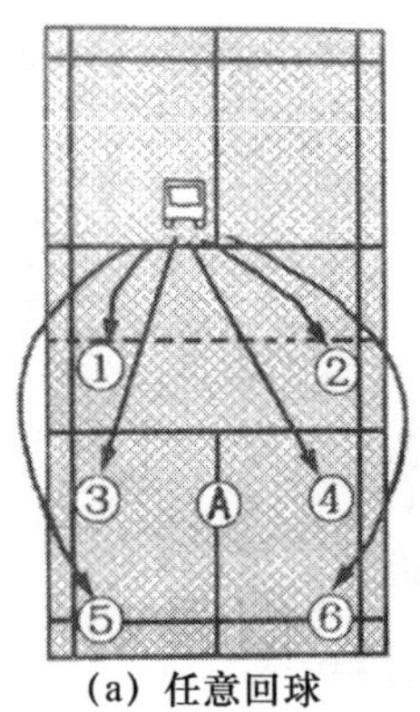

（a）任意回球

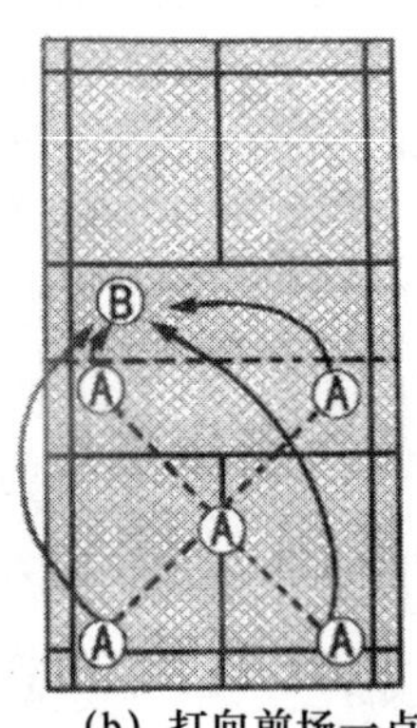

（b）打向前场一点

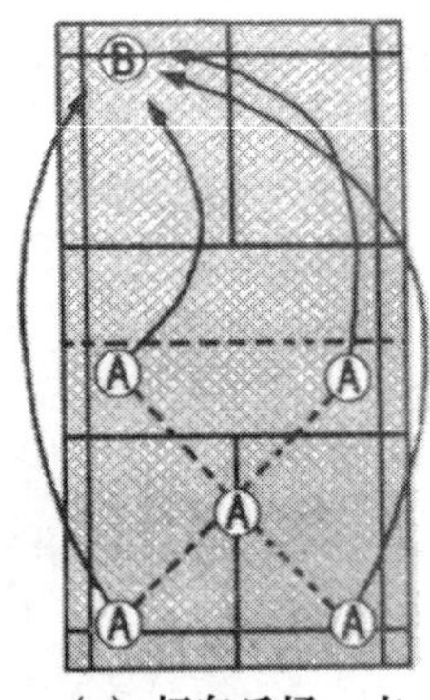

（c）打向后场一点

图 6－112　多球练习

（4）固定球路练习。

随着击球的能力渐渐提高，可以选择固定球路的练习：一点对一点的底线（对角线）拉高远球练习、一点对两点（高吊球路）练习、一点对多点练习，练习方法见图 6－113。

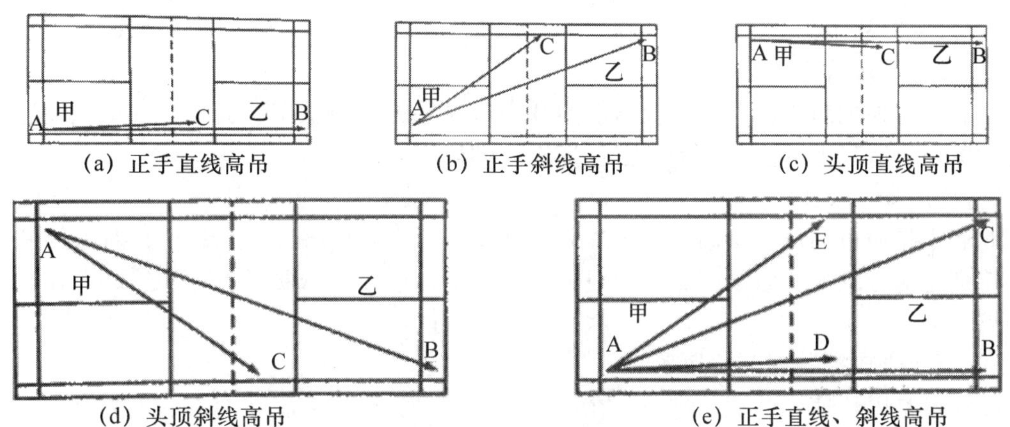

图 6 - 113　固定球路练习

2. 培养场上的快速移动能力

（1）全场六点步法练习，见图 6 - 114。同学们可以带着打球的意识，想象出对方出球的落点，在场上的 6 个点之间不固定地跑动，同时完成击球动作。这样可以快速熟练击球技术和步法。

（2）全场受控步法练习。练习者可以在老师和同学的手势指挥下进行跑动，也可以通过多球练习不断完善击球技术和步法。陪练可以依据练习者的能力，选择适当的速度把球发到场上的 6 个方位，要求练习者能够准确判断、快速移动并完成击球。

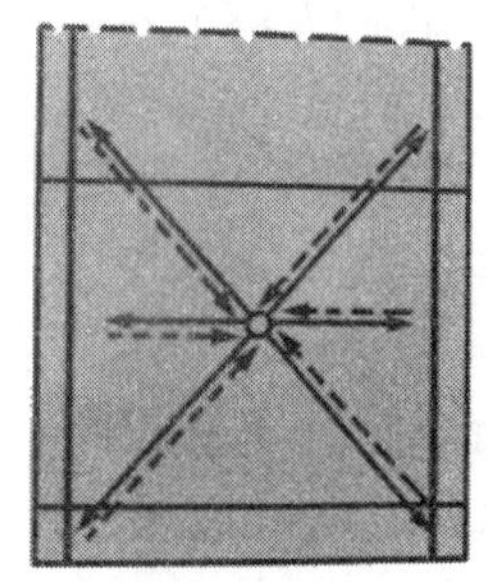

图 6 - 114　全场六点步法练习

3. 专项身体素质的练习

专项的身体素质在羽毛球运动中的重要性是不言而喻的，但是对于我们一般人来说进行专业训练是不现实的，下面介绍几种简单易行的锻炼方法：

（1）直线进退（要求向前摸到球网，向后摸到底线）、左右移动步法练习（两边都必须触及单打边线）。

（2）跳绳：最好能够练习双摇跳。

（3）用球拍练习各种击球动作。

（4）持拍练习步法和击球。

（5）1 分钟快速仰卧起坐。

二、羽毛球运动的基本战术

在羽毛球实战中，技术是基础，身体素质是保证，战术的运用是关键。在瞬息万变的比赛场上，运动员能否充分地发挥自己的技术，根据自身条件和特点，针对不同的对手做出相应的变化，以己之长，攻彼之短，把握比赛的主动权，最终赢得比赛的胜利，战术的运用和变化是非常重要的。因此，学几招实用的战术是非常必要的。

（一）单打战术

1. 发球抢攻战术

此战术是根据对方的站位、反击能力和当时对手的思想状态等因素，有意识地通过多变的发球，争取场上的主动，为自己创造进攻的机会。

2. 压后场（反手）战术

此战术是通过高球、平高球、推球和抽球等技术反复地将球死死地压在对方的底线附近，特别是对方的反手后场区域，使对方处于被动，造成回球质量下降，然后抓住机会攻其前场空当。

3. 下压进攻控制网前的战术

此战术是以快速、凶猛的进攻，在速度、力量上将对方控制在网前，再配合平高球突击对方底线，创造中场的进攻机会，全力发起进攻。这种战术对付个头高大、步法移动迟缓、网前出手慢、接下手球比较吃力的对手有效。

4. 打四方球战术

此战术对付步法慢、技术不全面、体力差、情绪易于急躁的对手较为有效。要求击球时落点角度大，线路变化多，这样才能取得好的效果。

（二）双打战术

1. 二打一（攻人）战术

如果发现对方其中 1 人技术或心理上比较弱，出现失误比较多，防守时球路比较单调，这时就可以集中力量“打”他。

2. 攻中路战术

对方左右站位时，力争把球打在两人之间的结合处，以便造成对方两人抢接或让球，彼此不协调，这样可以有效地限制对方挑出大角度的球路，为自己创造网前的封网机会。

3. 后攻前封战术

后场一人见高球就大力扣杀创造机会，前场另外一人扑球、搓球、勾球、推球控制网前，或拦吊、扑杀封住前半场，使整个攻防连贯而又有节奏地变化。

小知识

对方步法快、手法好，可多出重复线路。

对方上网快、后退慢，可控制网前推后场两点。

对于侧身转体差的选手，可多出同侧前、后场球调动对手。

对于步法慢的对手，可采用快速拉前、后场大对角线路。

三、羽毛球运动规则

（一）羽毛球基本规则

（1）球场所有线的宽度标记均包括在所画的尺寸内，所有场地都是它所确定区域的组成部分。比赛中，球被打在球场的端线或边线上，落在线上的球应判为界内球。

(2) 双打比赛以 2 名运动员为一方，单打比赛以 1 名运动员为一方。

(3) 在羽毛球比赛中，有发球权的一方叫发球方，接发球的一方叫接球方。

(4) 比赛前，双方队员选择发球权、接发球权或场区，采用掷挑边器的方法。比赛前，裁判员给双方运动员掷挑边器，选对边的一方将在发球或接发球、一个场区或另一个场区中做出选择，另一方在余下的一项中做出选择。

(二) 羽毛球比赛计分方法

1. 单打比赛计分方法

(1) 每场比赛均采取三局两胜制。

(2) 率先得到 21 分的一方赢得当局比赛。

(3) 如果双方比分打成 20∶20，获胜一方需超过对手 2 分才算取胜。

(4) 如果双方比分打成 29∶29，则率先得到第 30 分的一方取胜。

(5) 首局获胜一方在接下来的一局比赛中率先发球。

(6) 当一方在比赛中得到 11 分后，双方队员将休息 1 分钟。

(7) 两局比赛之间的休息时间为 2 分钟。

2. 21 分制双打比赛的新规则

A 和 B 对 C 和 D 的双打比赛见图 6-115。A 和 B 赢了挑边权并选择了发球。A 发球 C 接发球。A 为首先发球员，而 C 则为首先接发球员。

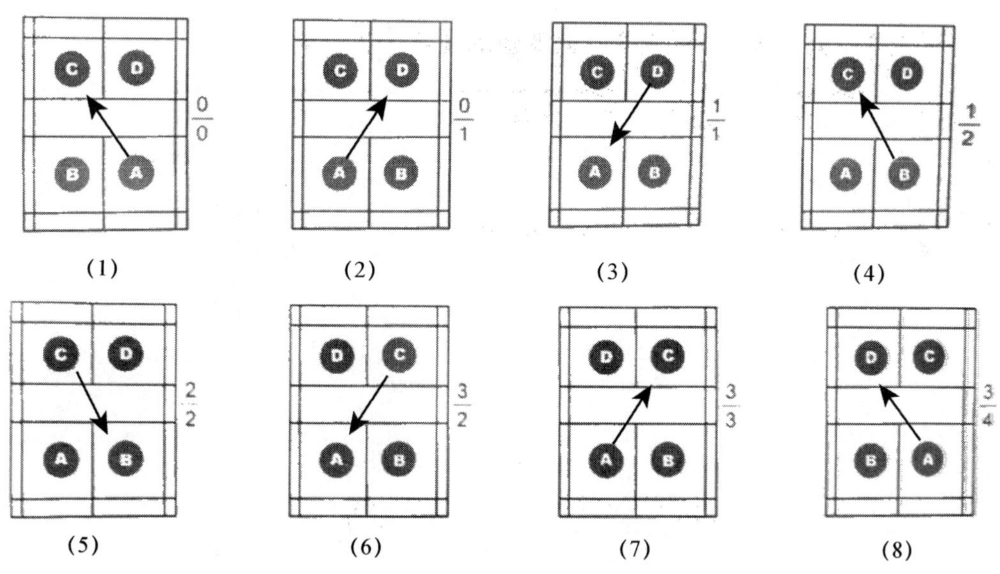

图 6-115　21 分制双打比赛新规则

(1) 比分为 0∶0，A 从右发球区发球，C 接发球。

(2) A 和 B 得 1 分。A 和 B 交换发球区。A 从左发球区再次发球。C 和 D 在原发球区接发球。比分为 1∶0，A 从左发球区发球，D 接发球。

(3) C 和 D 得 1 分，并获得发球权。两人均不改变各自原发球区。比分为 1∶1，D 从左发球区发球，A 接发球。

(4) A 和 B 得 1 分，并获得发球权。两人均不改变各自原发球区。比分为 2∶1，B 从右发球区发球，C 接球。

(5) C 和 D 得 1 分，并获得发球权。两人均不改变各自原发球区。比分为 2∶2，C 从右发球区发球，B 接发球。

(6) C 和 D 得 1 分。C 和 D 交换发球区。C 从左发球区发球。A 和 B 不改变其各自原发球区。比分为 2∶3，C 从左发球区发球，A 接发球。

(7) A 和 B 得 1 分，并获得发球权。两人均不改变各自原发球区。比分为 3∶3，A 从左发球区发球，C 接发球。

(8) A 和 B 得 1 分。A 和 B 交换发球区。A 从左发球区再次发球。C 和 D 不改变各自原发球区。比分为 4∶3，A 从右发球区发球，D 接发球。

实践与探究

1. 简述足球越位的几个条件。
2. 阐述几个篮球进攻和防守战术的名称及内容。
3. 如何理解排球运动的“自由人”？如何使用？
4. 乒乓球合法发球规则是什么？
5. 羽毛球运动有几种击球技术？

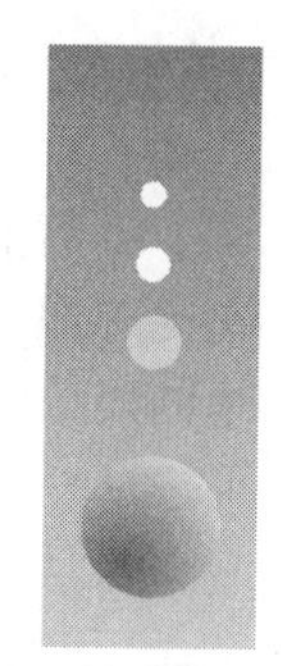

第七章　民族传统体育

教师寄语

民族传统体育是从民族共同体文化中剥离与凸显出来的一种民族体育文化形式，是我国社会主义体育事业的重要组成部分。民族体育文化作为一种人类社会文化的补充与完善，除了具备一般文化的特征之外，还具有自己独特的内涵和民族文化特征。习近平总书记指出加快建设体育强国，就要弘扬中华体育精神，弘扬体育道德风尚，全面、系统、科学地认识民族传统体育，是振奋民族精神、加强民族团结、发扬爱国主义精神、促进社会进步与发展的重要保证。

本章民族传统体育主要包括跳绳和武术。跳绳运动器材简单，占地不大，不受季节、场地、性别、年龄的限制，只要根据个人的身体情况，把握适宜的节奏和运动量，就能取得良好的运动效果。中国武术是一种中国特色的文化，武术的内容丰富多彩，形式多样，风格独特。它具有强身健体、防身自卫、锻炼意志、陶冶性情、竞技比赛、娱乐观赏、交流技艺、增进友谊的功能，是一项具有广泛社会价值和民族文化特色的中国传统体育项目。

第一节　跳绳

运动箴言

生命就是运动，人的生命就是运动。——列夫·托尔斯泰

一、跳绳概述

跳绳是我国民间流行的一项体育活动。据历史文献记载，早在一千多年前的唐代就有这一娱乐活动，那时称跳绳为“透索”，每年的八月十五以“透索”为戏。宋代称跳绳为

“跳索”。明代的《帝京景物略》一书中称跳绳为“跳白索”，并生动地描述了当时的跳绳活动：“二童子引索略地，如白光轮，一童子跳光中，曰跳白索。”清朝的《有益游戏图说》一书也有跳绳活动的记载，清朝人称跳绳为“绳飞”。直到民国后才称为“跳绳”，并在民间和各类学校中普遍开展。可见跳绳在我国历史悠久，源远流长，是我国各族人民喜爱的娱乐健身活动。20 世纪 90 年代后，在全民健身计划的推动下，跳绳运动在全国上下形成了一股热潮。

二、跳绳的特点

跳绳运动器材简单，占地不大，只需一根绳索，在门庭、院中或街心花园，只要有一块空地就可以进行活动了。跳绳不受季节、场地、性别、年龄的限制，只要根据个人的身体情况，把握适宜的节奏和运动量，就能取得良好的运动效果。

三、跳绳的器材和场地

（一）器材

比赛用的绳可以用麻或合成纤维制作，绳的末端可以打一个结或者加上木把，有长绳、短绳之分。长绳为集体跳绳，短绳可以为单人或双人跳绳，绳子的长度取决于练习者的高度，一般以脚踩绳子中段，两绳头在肩窝处为宜。

（二）场地

单人或双人跳绳：在场地画出直径为 2 米的圆圈，练习者在圈内跳绳，不得出圈或踩线。

集体跳绳：在场地上画出宽 5 米、长 10 米的长方形，绳应在场地中间摇转。

四、跳绳的锻炼价值

跳绳可以增强四肢肌肉的力量，提高身体的协调性、灵敏性。对青少年的骨骼生长和身体发育具有良好的作用，也能全面提高身体素质。成年人和老年人进行跳绳锻炼，可以促进血液循环和新陈代谢，使心肌发达，心搏有力，功能增强。坚持跳绳锻炼不仅能增强肺活量，明显改善呼吸系统和神经系统的功能，而且能有效地消除身体多余的脂肪，大大提高身体健康水平。跳绳还可以当作各专项运动项目训练的辅助练习手段。从艺术的角度看，绳子成为肢体的延伸，加大了动作的幅度，更好地表现了动作的美感。

五、跳绳的基本技术

持绳方法一般为拇指、食指、中指握绳，握绳时手要松，便于绳头在手中转动。

（一）前单摇双脚跳

动作要领：两手握绳，两臂自然弯曲，上臂和前臂的夹角为 120 度，将跳绳放在体后，两手腕同时用力从体后向前摇。当绳从身后摇转到体前下落触地时，两脚立刻跳起让绳通过脚下，然后再同时落地屈膝缓冲并准备再次起跳。

（二）后单摇双脚跳

动作要领：将绳放在体前，双手由前向后摇绳回环，两脚同时跳起让绳从体后向前通过。除摇绳方向相反外，其他动作同前单摇双脚跳。

（三）单摇双脚交换跳

动作要领：由体前向后摇绳一回环，两脚交换跳，即原地跑步跳绳，也可以向前方做跳绳跑，原地交换跳时小腿应屈膝上抬，依次蹬地并交替放松休息。

（四）单摇交叉脚跳

动作要领：前摇绳或后摇绳，两脚同时跳起，落地时两脚左右交叉着地，也可以前后交叉着地。

（五）单摇打脚跳

动作要领：两脚左右分开成预备姿势，前摇绳跳起，在空中两脚内侧触击，即脚打脚，然后左右分开落地并连续摇跳。

（六）单摇编花跳

动作要领：前摇绳，两臂摇绳应稍分开，摇跳一次，再摇时，两臂在体前顺势交叉摇绳即编花摇法，这样一摇一交叉跳绳法叫活编花跳绳，熟练后两臂交叉可以交换上下位置。固定编花跳绳为两臂始终在胸前交叉摇绳，摇绳以手腕用力为主。后摇绳编花跳则是反向回环两臂交叉摇绳做跳绳练习。

（七）双摇双脚跳

动作要领：前双摇双脚跳是各种双摇跳的基础技术。学习双摇跳可以做几个单摇跳，使摇绳回环有了初速度，再突然加快摇绳，双脚同时高跳，每跳跃一次摇绳回环两次。双摇跳技术的关键在摇绳与跳跃的配合，高速快摇有利于完成动作。初练双摇跳，可稍收腹并屈腿，有利于增加腾空时间，使绳能顺利通过脚下两次，掌握技术后可以连续做双摇跳练习。后双摇双脚跳，是由前向后摇绳两回环跳，后双摇跳可将绳子放长一些，两臂稍外展，快速摇绳使绳打地有声，便于控制起跳的时机和节奏。

（八）双摇单脚跳

动作要领：双摇单脚跳与双摇双脚跳的方法基本相同，只是用单脚跳起通过摇绳两回环。

（九）编花双摇跳

动作要领：做前双摇跳，两脚蹬地跳起腾空，摇绳两回环，第一摇为普通单摇绳，第二摇两臂在胸前交叉摇绳。这种摇跳技术不难掌握，因为第一跳较容易，第二跳时跳绳已经有了较快的初速度，两臂在胸腹前交叉动作时手腕稍用力就可以了。也可以在第一摇时做交叉编花摇绳，第二摇为普通单摇法。以上两种编花摇绳为活编花双摇跳。

（十）一人带一人摇跳

动作要领：前摇绳带人跳绳是带人跳绳最基本的方法，摇绳人与被带者面对面站立，前摇绳时，当绳回环至脚下时，两人一起跳过绳并连续摇跳。后摇带人跳绳与前摇绳带人跳绳的方法相同，但摇绳方向相反。带人者也可以自己做单摇跳，被带者在绳外做好准备，当把握好时机、节奏时，迅速切入绳圈内同跳。

（十一）钻绳洞

动作要领：甲摇绳带乙，先相对站立，甲前摇绳带乙，甲乙齐跳 3 次后，甲放慢摇绳速度并将左臂抬高些摇绳，乙弯腰从甲的左臂快速钻跑到甲的身后，两人再齐跳 3 次。在第 4 次摇绳的时候，乙再从甲的右臂快速钻跑到甲的身前。这样三跳一钻有规律的双人跳绳十分活泼有趣。

（十二）原地跳长绳

动作要领：跳绳者预先站在跳绳位置上，摇绳者用口令指挥，从静止绳开始摇起，当绳摇至跳绳人脚下时，跳绳人跳过绳。集体跳长绳时，跳绳人按照顺序站在两摇绳者中间，在绳的一侧成一路纵队，发令后摇绳人向同一方向一起摇绳，跳绳者听口令一起原地跳绳，让绳通过脚下，摇绳者连续摇跳，跳绳者随着摇绳的节奏连续跳，可以双脚齐跳，也可以单脚或双脚交换跳。

专家提示

跳绳运动注意事项

（1）跳绳者应穿质地软、重量轻的运动鞋，避免脚踝受伤。

（2）绳子应软硬、粗细适中。初学者通常宜用硬绳，熟练后可改为软绳。

（3）选择软硬适中的草坪、木质地板和泥土地的场地较好，切莫在硬性水泥地上跳绳，以免损伤关节，并易引起头昏。

（4）跳绳时须放松肌肉和关节，脚尖和脚跟须用力协调，防止扭伤。

（5）胖人和中年妇女宜采用双脚同时起落。同时，上跃也不要太高，以免关节因过于负重而受伤。

（6）跳绳前先让足部、腿部、腕部、踝部做些准备活动，跳绳后则可做些放松活动。

（十三）集体跑“8”字跳长绳

动作要领：两人摇一长绳，跳绳者在摇绳者身后依次排成半月形队伍，排在第一位的跳绳人站在摇绳者身旁，准备上绳。第一个跳绳人上绳，跳一次，直线跑出，绕过另一个摇绳人，准备再向回跳。接着第二个人上绳，也跳一次跑出，排在第一个跳绳者的后面，如此一个接一个上绳，再跑出。跳绳者按“8”字形路线连续跑上、跳绳、跑出，这种跳法称为集体跑“8”字跳长绳。也可以将跳绳者分成两队，分别在绳的两侧排好队，甲队第一名队员先上绳跳一次，下绳到乙队队尾排队，接着乙队第一名队员上绳，跳一次，下绳到甲队队尾排队，如此两队队员一个接一个轮流交替上绳形成交叉“8”字跑跳绳，称为集体“8”字穿梭条绳。

第二节 武术

运动箴言

以无法为有法，以无限为有限，是为武术最高境界。

一、武术运动简介

中华武术，有着悠久的历史和广泛的群众基础，是中华民族在长期生活与斗争实践中，逐步积累和发展起来的一项宝贵的文化遗产。武术的内容丰富多彩，形式多样，风格独特。它具有强身健体、防身自卫、锻炼意志、陶冶性情、竞技比赛、娱乐观赏、交流技艺、增进友谊的功能，是一项具有广泛社会价值和民族文化特色的中国传统体育项目。

（一）武术的内容与分类

中国武术按其运动形式可分为：套路运动和搏斗运动。套路运动，是以技击动作为素材，以攻守进退、动静疾徐、刚柔虚实等矛盾运动的变化规律编成的整套练习形式。套路运动按练习形式又可分为单练、对练和集体演练三种类型。单练包括徒手的拳术与器械。对练包括徒手的对练、器械对练、徒手与器械对练。集体演练包括分徒手的拳术、器械或徒手与器械。

（二）武术的特点

武术运动与其他体育项目有相同点，也有着与其他体育项目不同的个性特点。较为显著的三个不同点如下。

1. 寓技击于体育之中

武术作为体育运动，技术上仍不失攻防技击的特性，将技击寓于搏斗运动与套路运动之中。搏斗运动集中体现了武术攻防格斗的特点，在技术上与实用技击基本是一致的，但是从体育的观念出发，它受到竞赛规则的制约，以不伤害对方为原则。如在散手中对武术中有些传统的实用技击方法做了限制，而且严格规定了击打部位和保护护具；短兵中使用的器具也做了相应的变化；而推手则是在特殊的技术规定下进行竞技对抗的。因此，可以说武术的搏斗运动具有很强的攻防技击性，但又与实用技击有所区别。

2. 具有广泛的适应性

武术的练习形式、内容等丰富多样，有竞技对抗性的散手、推手、短兵，有适合演练的各种拳术、器械和对练，还有与其相适应的各种练功方法。不同的拳种和器械，有不同的动作结构、技术要求、运动风格和运动量，分别适应不同年龄、性别、体质的人们的需求，人们可以根据自己的条件和兴趣爱好选择练习。同时，它对场地、器材的要求较低，俗称“拳打卧牛之地”，练习者可以根据场地的大小调整练习内容和方式，即使一时没有器械，也可以徒手练拳、练功。一般来说，武术受时间、季节限制也很小。相较于不少体育运动项目，具有更为广泛的适应性。

（三）武术的作用

武术具有强身健体、防身自卫、修身养性、娱乐身心等方面的作用，是增强全民体质、振奋民族精神的有效手段之一。

1．提高素质，强身健体

武术套路运动，其动作包含屈伸、回环、平衡、跳跃、翻腾、跌扑等，人体各部位几乎都要参与运动。系统地进行武术训练，对人体速度、力量、灵巧性、耐力、柔韧性等身体素质要求较高，人体各部位“一动无有不动”，使人的身心得到全面锻炼。武术运动讲究调息行气和意念活动，对调节内环境的平衡，调养气血，改善人体机能，强身健体十分有益。

2．锻炼意志，培养品德

练武对意志品质的考验是多面的。练习基本功，要不断克服疼痛关，磨炼“冬练三九、夏练三伏”、常年有恒、坚持不懈的意志品质。套路练习，要克服枯燥关，培养刻苦耐劳、砥砺精进、永不自满的品质。遇到强手，要克服消极逃避关，锻炼勇敢无畏、坚韧不屈的意志品质。经过长期锻炼，可以培养人们勤奋、刻苦、果敢、顽强、虚心好学、勇于进取的良好习性和意志品德。

3．竞技观赏，丰富生活

武术具有很高的观赏价值，无论是套路表演，还是散手比赛，历来为人们喜闻乐见。唐代大诗人李白的好友崔宗之赞他“起舞拂长剑，四座皆扬眉”；杜甫在《观公孙大娘弟子舞剑器行》中有“昔有佳人公孙氏，一舞剑器动四方。观者如山色沮丧，天地为之久低昂”的描绘。汉代打擂台，“三百里内皆来观”。这都说明无论是显现武术功力与技巧的竞赛表演套路，还是斗智斗勇的对抗性散手比赛，都引人入胜，给人以美的享受，都具有很高的观赏价值。

4．交流技艺，增进友谊

武术运动蕴涵丰富，技理相通，入门之后会有“艺无止境”之感。群众性的武术活动，便成为人们切磋技艺、交流思想、增进友谊的良好手段。武术在全世界广泛传播，还促进了与国外武术爱好者的交流。许多国家武术爱好者喜爱武术套路，也喜爱武术散手，他们通过练武了解认识中国文化，探求东方的文明。武术通过体育竞赛、文化交流等途径，在与世界各国人民友好交往中发挥着越来越大的作用。

二、武术基本动作技术

（一）腿、腰、肩柔韧性练习

1．正压腿

动作说明：前脚跟放在地上，脚尖勾紧，上体向前下振压动作。

要点：直体向下振压，压至疼痛时，进行耗腿练习。

2．振肩

动作说明：前手交叉举过头顶，向前、后、左、右做振压动作。也可助手协助做搬压肩练习。

要点：直体振压，压至疼痛时，进行耗肩练习。

3. 仆步伦拍

预备姿势：开步站立。

动作说明：成左弓步，同时右掌向前下方伸出，左掌心朝里，插于右肘关节处，上动不停，成右弓步，同时右臂抡至右上方，左掌下落至左下方；随即，上体右后转，同时右臂抡至后下方，左臂抡至前上方；然后，上体左转成右仆步，同时右臂抡至右腿内侧拍地，左臂停于左上方；目随右手。

要点：上抡贴近耳，下抡近腿。

易犯错误：两臂抡动不顺，上抡不能贴耳，下抡不能近腿。

纠正方法：强调松肩，抡臂成立圆。抡臂与重心转换要协调配合。

教法提示：由慢到快做抡臂练习，然后逐步过渡到完整的抡拍练习。

4. 下桥

动作说明：两步开立，直臂上举向后下弯腰，两手触地。

要点：两臂和两腿伸直，腰部成桥状。

5. 平涮腰

动作说明：以髋关节为轴，上体前俯，前臂随之向右（左）前方伸出，既而向左（右）后绕环一周。

要点：两脚抓地，两臂随着腰部动作放松绕动，尽量增大上体环绕幅度。

易犯错误：翻转，绕环幅度小。

纠正的方法：强调两脚开立不要移动，随着腰部转动，上体手臂尽量伸展，放松绕动以增大动作幅度。

（二）摆头练习

动作说明：开步站立，头向左（右）转动 90 度或 180 度。

要点：头上顶，下颚微收，沉肩，挺胸，立腰，腿伸直。

（三）基本手型和手法练习

1. 拳

动作说明：五指卷紧，拇指压于食指、中指第二指节。

要点：拳握紧，拳面平，直腕，见图 7－1。

图 7－1　拳

2. 掌

动作说明：四指伸直并拢，拇指弯曲紧扣于虎口处。

要点：掌心开展，竖指，见图 7-2。

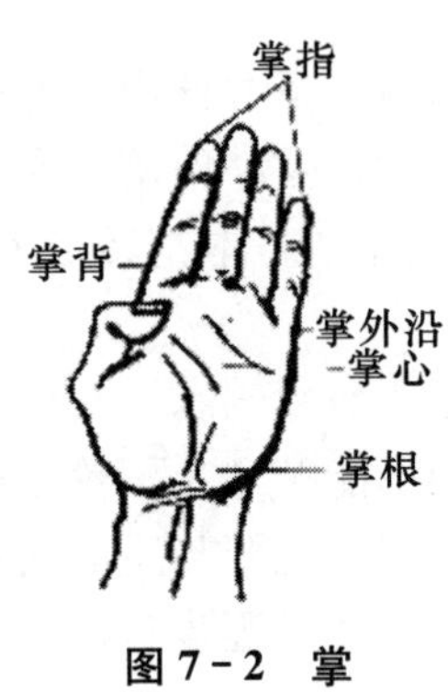

图 7-2　掌

3. 勾

动作说明：五指撮拢成勾，屈腕。

要点：屈腕，见图 7-3。

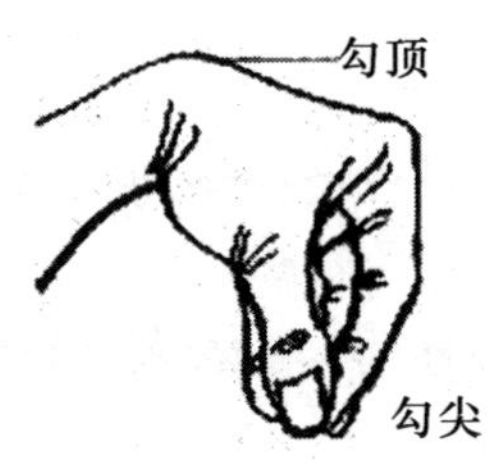

图 7-3　勾

4. 冲拳

预备姿势：两脚左右开立，两拳抱于腰间，拳心朝上。

动作说明：右拳从腰间旋臂向前猛力冲出，力达拳面，目视前方。

要点：挺胸，收腹，直腰，出拳快速有力，做好拧腰、顺肩、急旋前臂的动作。

5. 推掌

预备姿势：两脚左右开立，两拳抱于腰间，拳心朝上。

动作说明：右拳变掌，以掌外沿为力点向前猛力推出，目视前方。

要点：挺胸，收腹，直腰，出掌快速有力，做好拧腰、顺肩、急旋前臂的动作。注意沉腕翘掌、力达掌外沿。

（四）五种步型练习

1. 弓步

动作说明：前脚微内扣，全脚掌着地，屈膝半蹲，大腿成水平，膝部约与脚面垂直；另一腿挺膝伸直，脚尖里扣斜向前方，全脚掌着地，上体正对前方，两手抱拳于腰间。

要点：挺胸，立腰；前腿弓，后腿绷。

2. 马步

动作说明：两脚左右开立约为脚长三倍，脚尖正对前方，屈膝半蹲，大腿成水平，眼看前方，两手抱拳于腰间。

要点：头正，挺胸，立腰，扣足。

3. 仆步

动作说明：一腿全蹲，大腿和小腿靠紧，臀部接近小腿，全脚掌着地，膝与脚尖稍外展；另一腿平铺接近地面，全脚掌着地，脚尖内扣。

要点：挺胸，立腰，开髋，全脚掌着地。

4. 虚步

动作说明：后脚尖斜向前，屈膝半蹲，大腿接近水平，全脚掌着地；前腿微屈，脚面绷紧，脚尖虚点地面。

要点：挺胸，立腰，虚实分明。

5. 歇步

动作说明：两腿交叉屈膝全蹲，前脚全脚掌着地，脚尖外展；后脚跟离地，臀部外侧紧贴后小腿。

要点：挺胸，立腰，两腿贴紧。

（五）腿法练习

1. 正踢腿

预备姿势：并步站立，两臂侧平举。

动作说明：左脚上步直立；右腿挺膝，脚尖勾起向前额处猛踢；目向前平视。

要点：挺胸，收腹，立腰。踢腿时，迅速收髋、收腹，脚尖勾起绷落，过腰后动作加快，要有寸劲。

2. 侧踢腿

预备姿势：并步站立，两臂侧平举。

动作说明：右脚上步，脚尖外展；左脚跟稍提起，身体略右转，两臂后举。随着，左腿勾脚向左耳际踢起，右臂上举亮掌，左臂立于右肩前；目向前平视。

要点：开髋，侧身，猛收腹。

3. 外摆腿

预备姿势：并步站立，两臂侧平举。

动作说明：右脚上步；左脚尖勾紧，向右侧上方踢起，经前面向左侧上方摆动，直腿落在右脚旁；目向前平视。可用掌在面前依次迎击脚面。

要点：展髋，腿成扇形外摆，幅度要大。

4. 里合腿

预备姿势：并步站立，两臂侧平举。

动作说明：右脚上步；左脚尖勾紧，向左侧上方踢起，经前面向右侧上方摆动，直腿落在右脚旁；目向前平视。可用掌在面前依次迎击脚面。

要点：合髋，腿成扇形里合，幅度要大。

5. 弹腿

预备姿势：并步站立。

动作说明：支撑腿直立或微屈，另一腿由屈到伸向前弹出。脚面绷平，力达脚尖。

要点：收髋，弹击有寸劲，力达脚尖。

6. 蹬腿

预备姿势：并步站立。

动作说明：支撑腿直立或微屈，另一腿由屈到伸向前蹬出。脚尖勾起，力达脚跟。

要点：收髋，蹬击有寸劲，力达脚跟。

7. 侧踹腿

预备姿势：成插步。

动作说明：右腿伸直支撑；左腿由屈到伸，脚尖里扣，用脚掌猛力踹出，高与腰平，上体倾斜；目视左侧方。

要点：挺膝，开髋，猛踹，脚外侧朝上，力达脚掌。

8. 后扫腿

预备姿势：成左弓步，两掌向前推出。

动作说明：成右仆步，上体前俯，两掌撑地，左腿全蹲；右腿伸直，脚尖内扣，以左脚掌为轴贴地后扫一周。

要点：转体、俯身、撑地、扫转要连贯协调，一气呵成。

9. 前扫腿

动作说明：(1) 左脚在前成高虚步，同时两手由下向左、向上、向右弧形摆掌，右臂伸直，高与肩平，成侧立掌，左掌附于右上臂内侧，掌指向上，头右转，目视右方。(2) 上体左后转 180 度，左臂随体向左后方平搂至体左侧，稍高于肩，右臂随体转自然平移至体右侧，掌心朝前，掌指朝右下方。(3) 上体继续左转，左脚尖外撇，右掌从后向上，向前屈肘降落，同时左臂屈肘，掌指朝上从右臂内侧向上穿出，变横掌驾于头部左上方，拇指一侧向下，随即右掌下降并摆向身后变勾手。

要点：转体、俯身、撑地、扫转要连贯协调，一气呵成。

(六) 腾空跳跃动作

1. 腾空飞脚

预备姿势：并步站立。

动作说明：右脚上步蹬地跃起，左腿前上摆踢，两臂向头上摆起，右手背迎击左手掌。在空中，右腿向前上方弹（摆）踢，脚面绷直，右手迎击右脚面。左腿屈膝收控于右腿侧。左掌摆至左侧方变勾手，上体微前倾。目平视前方。

要点：(1) 踢摆腿脚高必须过腰，左腿在击响一瞬间，屈膝收控于右腿侧。(2) 在腾空的最高点完成击响动作。拍击动作必须连续、准确、响亮。(3) 在空中，上体正直，微向前倾，不要坐臀。

2. 旋风脚

预备姿势：高虚步亮掌。

动作说明：左脚向左上步，同时左掌前推；随即右脚上步，脚尖内扣，上体向左旋转前俯；重心右移，右腿屈膝蹬地跳起，左腿提起向左上方摆动。上体向左上方翻转的同时，两臂向左上方抡摆；身体旋转一周，右腿里合，左手在面前迎击右脚掌，左腿自然下垂。

要点：(1) 里合腿贴近身体；摆动时成扇形。(2) 抡臂、踏跳、转体、里合腿等环节要协调一致，身体的旋转不少于 270 度。

3. 腾空摆莲

预备姿势：高虚步，挑掌，站立。

动作说明：左脚前上步，右脚随之向前上一大步；脚尖外展，屈膝，略蹲。身体右转，同时右臂顺势下落，左臂前摆；右脚蹬地跳起，同时左腿里合踢摆，两手上摆于头上击响。上体向右转体，身体腾空；右腿上踢外摆，两手先左、后右依次拍击右脚面，左腿伸直分开摆动控于体侧。

要点：(1) 上步要成弧形，右脚踏跳时，注意脚尖外展和屈膝微蹲。(2) 上跳时，里合扣左腿。(3) 右腿外摆成扇形，上体微前倾。两手依次击拍右脚面。

4. 侧空翻

动作说明：左脚蹬地，右腿从后向上摆起，身体前屈，在空中做向左侧翻动作，右脚先落地，左脚随之落地。

要点：翻地要快，两腿伸直。

5. 旋子

动作说明：开步站立，身体后转。左脚离地，左臂前平举，右臂后下举。然后左脚踏地，身体平俯向左甩腰摆动，同时两臂伸直随身向左摆动，紧接着左脚踏地，身体悬空，两腿随身向左平旋，然后右脚先落地，左脚随之落地。

要点：挺胸，抬头，身体成水平旋转，两腿高过水平。

三、套路动作要领

(一) 五步拳

五步拳是长拳套路中最简单的套路之一，而长拳又是融合查、华、洪、炮、弹以及少林等拳种而创编的一种拳术，其特点是动作舒展大方、快速有力、节奏分明、起伏多变、转折灵活，在技击上强调长击速打、适时出击、以快制慢、以刚为主。基本技法要求手要快捷、眼要明锐、身要灵活、步要稳固、精要充沛、气要下沉、力要顺达、功要纯清。

要点：五步拳是结合长拳的主要步型、步法、手型和手法编成的组合练习，动作要点、易犯错误和纠正方法同前。

教法提示：

(1) 先掌握单个动作，然后再练习两个动作以上的组合动作，并逐渐过渡到整套组合动作的练习。

(2) 组合动作的练习，主要是巩固和提高武术的基本动作，教学中先以步型、手型、手法的训练为主，而后再逐渐做到“手、眼、身法、步”的协调一致。

(3) 待动作熟练后，可左右势互换，重复练习。

五步拳动作过程：

动作名称：弓步冲拳—弹腿冲拳—马步架打—歇步盖冲拳—提膝仆步穿掌—虚步挑掌—并步抱拳。

预备姿势：并步抱拳，见图7-4（a）。

动作说明：

（1）弓步冲拳。成左弓步，左手向左平搂收回腰间抱拳，冲右拳，目视前方，见图7-4（b）。

（2）弹腿冲拳。重心前移，右腿向前弹踢，同时冲左拳，收右拳，目视前方，见图7-4（c）。

（3）马步架打。右脚落地，向左转体90度，下蹲成马步，同时左拳变掌，屈臂上架，冲右拳，目视右方，见图7-4（d）。

(a) (b) (c) (d)

图7-4 五步拳图解（1）

（4）歇步盖冲拳。左脚向右脚后插一步，同时右拳变掌向左下盖，掌外沿向前，身体左转90度，收左拳，目视右掌，见图7-5（a）。上动不停，两腿屈膝下蹲成歇步，同时冲左拳，收右拳，目视左拳，见图7-5（b）。

（5）提膝仆步穿掌。两腿起立，身体左转。随即左拳变掌，顺势收至右腋下；右拳变掌，由左手背上穿出，手心向上。同时左腿屈膝提起，目视右手，见图7-5（c）。上动不停，左脚落地成仆步，左手掌指朝前，沿左腿内侧穿至左脚面，目视左掌，见图7-5（d）。

(a) (b) (c) (d)

图7-5 五步拳图解（2）

（6）虚步挑掌。左腿屈膝前弓，右脚前上成右虚步，同时左手向后划弧成勾手，右手顺右腿外侧向上挑掌，目视前方，见图7-6。

（7）并步抱拳。左脚向右脚靠拢成并步，同时左钩手和右掌变拳，回收抱于腰间，目视前方，见图 7－7。

图 7－6　虚步挑掌

图 7－7　并步抱拳

（二）少年拳

少年拳第一套（1～8 节）：（1）震脚架打；（2）蹬踢架打；（3）垫步弹踢；（4）马步横打；（5）马步撩掌；（6）虚步架打；（7）跳步推掌；（8）撩拳收抱。

四、武术运动比赛简介

（一）武术套路

（1）拳术及其他传统拳，即流行于各地、除规则规定的自选拳术内容以外的拳术（如形意、八卦、意拳、八极、地躺、醉拳等），南拳，各式太极拳三项。器械设长、短、软、双器械四项。对练设一项，2～3 人均可，男、女可混编。比赛在长 14 米、宽 8 米的地毯上进行。

（2）套路比赛各项高低采用裁判评分的办法。各项比赛的最高得分为 10 分，评分和扣分标准如下：

1）刀、枪、剑、棍、南拳、太极拳等评分扣分标准：动作规格的分值为 6 分；劲力协调的分值为 2 分；精神、节奏、风格、内容、结构、布局的分值为 2 分。

2）扣分：根据不符合要求的程度，分别给予扣分，每次扣 0.1 分以上，有些严重不符者，最高一次可扣 2 分。

3）其他项目和评分标准：姿势正确、方法清楚 4 分；劲力顺达、动作协调 3 分；风格独特、内容充实 2 分；精神贯注、节奏分明 1 分。

4）对练评分标准：攻防合理、方法准确 4 分；动作熟练、配合严密 3 分；内容充实、结构紧凑 2 分；意识逼真、风格突出 1 分。

（二）散手比赛

散手比赛在高 0.6 米、长 8 米、宽 8 米的台上进行。水上擂台在长、宽各 7 米，高出水面 0.5 米的台子上进行。比赛分红方、黑方。男子设 6 个级别：52 公斤、56 公斤、60 公斤、65 公斤、70 公斤。女子设 2 个级别 ：48 公斤、52 公斤。拳套重量：65 公斤级及以下为 320 克；70 公斤以上级别为 280 克。

1. 使用方法

（1）禁击部位：后脑、颈部、裆部。

（2）得分部位：头部、躯干、大腿、小腿。

（3）禁用方法：用头、肘、膝和反关节的动作进攻对方；用迫使对方头部先着地的摔法或有意砸压对方；用腿攻击倒地方的头部；用拳连击对方头部。

2. 得分标准

以下情况得 3 分：

（1）在一局比赛中，一方第一次下台，对方得 3 分（水上擂台则对方胜一局）。

（2）用转身摆腿击中对方躯干部位而自己站立得 3 分。

（3）用主动倒地的动作致使对方倒地，而自己即刻站立者得 3 分。

（4）使用勾踢将对方踢倒而自己站立者得 3 分。

以下情况得 2 分：

（1）一方倒地、站立者得 2 分。

（2）用腿法击中对方躯干者得 2 分。

（3）被强制读秒一次，对方得 2 分。

以下情况得 1 分：

（1）用手击中对方得分部位者得 1 分。

（2）用腿击中对方和下肢者得 1 分。

3. 胜负评定

比赛为单败淘汰赛，每场比赛为三局两胜，每局净打 3 分钟（女子为 2 分钟），中间休息 1 分钟。如被重击倒地不起达 10 秒或虽能站立但知觉失常，判对方为胜方；一场比赛中，被重击强制读秒达 3 次，判对方胜；在一场比赛中，3 次有效使用 3 分动作者为胜方。

每局比赛结束，依据边裁判员的评判结果，得分高者为该局胜方。一局比赛中，一方受重击被强制读秒 2 次，对方为该局胜方。

4. 竞赛中的礼节

（1）介绍运动员时，运动员向观众行抱拳礼。

（2）每场比赛开始前，运动员相互行抱拳礼。

（3）宣布结果时，运动员交换站位；宣布后，双方行抱拳礼，再同时向台上裁判员行抱拳礼，裁判回礼；然后和对方教练员行抱拳礼，教练员回礼。

专家提示

武术运动后注意的事项

“强度适宜、方法得当、安排合理”的运动有益健康，已被当今越来越多的练功者所认可、接受。然而，有些人同样运动适时定量，方式得法，但始终未获练功之益，反而被一些疾病缠身。追其原因，这多与练功运动后违背科学的做法有关。因此，武术运动后人们应注意以下几个方面：

（1）不宜蹲坐休息。健身运动后若立即蹲坐下来休息，会使下肢血液回流，影响血液循环，加深肌体疲劳，严重时产生重力休克或猝死。

（2）不宜骤降体温。不要图凉快用冷水冲澡，冷水冲澡会使皮肤紧缩闭汗而引起体温调节等生理功能失调、免疫功能下降而招致感冒、腹泻、哮喘、风寒痹痛的发生。

（3）不宜贪吃冷饮。运动后人体消化系统仍处在抑制状态，功能低下，若图一时凉快和解渴而贪吃大量的冷饮极易引起胃肠痉挛、腹痛、呕吐，并诱发胃肠道疾病。

实践与探究

1. 跳绳的基本技术有哪些？
2. 简述武术的基本手型、手法和步型。

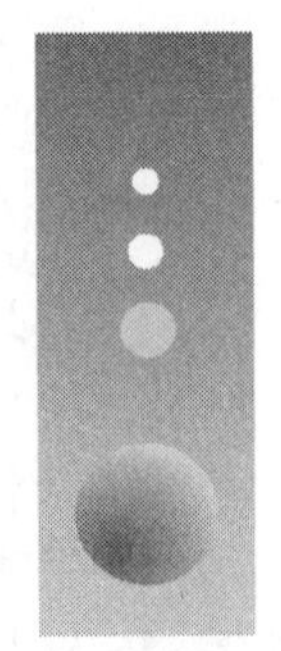

第八章　体育游戏

教师寄语

体育游戏在发挥体育促进学生社会化的功能方面，具有重要的作用和意义。学生在游戏中能学习认识社会和认识自己，通过模仿各种社会角色学会处理人际关系（指有效地与他人进行交往活动的能力），遵守社会规范，适应社会生活。

在对身体的发展方面，体育游戏包含各种练习和活动，使游戏者的身体承担一定的运动负荷，各器官、肌肉群得到必要的活动，这有利于学生的生长发育。本章从投掷类游戏、奔跑类游戏、跳跃类游戏方面进行体育游戏设计，共计有15种体育游戏。通过做游戏的方式吸引学生的注意力，学生在玩中得到学习与进步，促进学生的思维、智力、体力及意志力的发展，提高学生学习的兴趣和积极性。

第一节　投掷类游戏

运动箴言

兴趣是最好的老师。——爱因斯坦

一、打“野鸭子”

游戏目的：培养学生协同配合的精神和沉着冷静的心理素质，锻炼准确投掷、灵敏躲闪等能力。

游戏准备：排球场地，排球2～3个。

游戏方法：将游戏者按人数平均地分为甲、乙两队，以猜拳方法决定谁先作为“野鸭子”或“猎人”。以半块排球场为“湖泊”范围，“野鸭子”在“湖”里；“猎人”在岸上，手中持 2～3 个排球作为子弹。教师鸣笛开始，“猎人”用球打“湖”内的“野鸭子”，湖中的“野鸭子”凡被击中者退出球场。到规定的时间后，两队交换。击中“野鸭子”多的为胜方。此游戏中的“湖泊”可改为圆形，并可在场地上划上圆圈为“湖”界，根据参加人数多少确定圆圈的大小。

游戏规则：(1)“野鸭子”不得离开规定的活动区域（即半个球场的湖泊区）。(2)“猎人”不得进入“湖泊”之内射击。(3) 球出场外，“猎人”必须迅速捡回，时间记在比赛有效时间内。

游戏建议：(1) 游戏中的“猎人”不要心急，要先选择好目标，瞄准后再打击目标。(2) 游戏中的“野鸭子”要左右观察，看清“猎人”的动机。(3) 游戏中的“猎人”打击目标时，出手力度不要过猛，以免打伤目标。

二、投沙包

游戏目的：发展投掷能力，提高灵敏素质，培养投掷兴趣，培养团结协作的集体主义精神。

游戏准备：8 米长、6 米宽的长方形场地，沙包若干个。

游戏方法：在场地上画两个 8 米长、6 米宽的长方形。把学生分成人数相等的两队，每队分成甲、乙两组。甲组在长方形或圆形场地内，乙组站在两端线外或圈外。发令后，乙组队员用小沙包投击甲组队员，甲组队员在场地内机智地躲闪，如果被击中，就推出到界外。甲组队员如果接住投来的沙包，则可以救回一个退出场的同伴。游戏进行到一定的时间，甲、乙两组队员交换位置。最后，以退场人数少的组为胜。见图 8-1。

图 8-1　投沙包

游戏规则：(1) 投掷队员不得进入界内投掷，里面的队员也不能出界。(2) 界内队员可以接投来的沙包。接住后，可以救回一个被击中的同伴；如果没有接住，则算被击中，应退出界外。

游戏建议：(1) 投掷队员的人数可根据班内学生的多少和上课时间而定。(2) 投掷队员在投掷时要检查沙包，看是否有漏沙子的现象。

三、打“龙尾”

游戏目的：发展双手的均衡能力，保护视力，有助于培养左右脑的平衡能力，同时培养学生沉着冷静的心理素质。

游戏准备：平地上画一个半径为 5 米的圆圈，排球 1 个。

游戏方法：把参加者分成人数相等的甲、乙两队。甲队做“龙”，站于圈内，成一路纵队，后一人抱前一人的腰。最前一人做“龙头”，最后一人做“龙尾”。乙队分站于圆圈上，其中一人手持球。比赛开始，圆圈上的队员利用快速传球找机会打“龙尾”，“龙头”可想方设法把飞来的球打出去，以保护“龙尾”不被打中。“龙尾”随“龙体”左右躲闪，想方设法不被击中。如被击中则站到圈外，倒数第二人即成为“龙尾”，依次进行。在规定时间内看能击中几个“龙尾”。到规定的时间后两队互换角色，看哪队击中“龙尾”数多，击中多的获胜。见图 8-2。

图 8-2　打“龙尾”

游戏规则：(1) 球打“龙尾”，必须限制在腰部以下，并且不能用大力抛出。(2) 如球在圈内，则必须进圈内捡起，站到圈上再抛出。(3) 在圈内击球无效。

游戏建议：(1) 圆圈大小根据参加人数多少而定，原则是要有一定的活动余地。(2) 圈上队员拿球数依参加人数而定，人数多时，球可适当多些，以增加活动量和难度。

四、踢毽子

游戏目的：发展游戏者身体的柔韧性和灵活性，以及对毽子的控制力，培养集体主义精神。

游戏准备：运动场地 1 块，灰滚 1 个，皮尺 1 个，毽子 4 个。

游戏方法：在场地上并排画出 4 个直径为 1.2 米的圆圈。将游戏者分为人数相等的 4 队，每队在各自的圆圈一侧成横队站立。各队排头持毽子站于自己的场地内。做如下两种踢毽子游戏：

（1）计时盘踢赛：双脚交换踢，也可单脚踢，但每隔一次踢毽脚都要着地一次，不准悬踢，凡用膝盖及膝盖以下部位踢起均有效。见图 8－3。每人进行 1～3 分钟，到时间后换下一人。一轮结束后，按各队的累计次数排列名次。

（2）耐久盘踢赛：游戏中可用双脚轮换踢，也可用单脚踢，但是不准悬踢。比赛不计时间，直至失误。失误后换下一个人，以此类推。一轮结束后，按全队踢出总次数决定各队名次。

图 8－3　踢毽子

游戏规则：（1）不准越出圆圈弧线，越线者按失误处理。（2）游戏（1）的练习中，如果失误可接着再踢。游戏（2）的练习不计时间，直至失误后换人。（3）两种游戏方法均不准悬踢和用手接毽子，违者判为失误。

游戏建议：游戏前，做好准备活动，以免扭伤。

第二节　奔跑类游戏

运动箴言

我认为对于一切情况，只有“热爱”才是最好的老师。——爱因斯坦

一、抢“收”抢“种”

游戏目标：发展学生的奔跑能力，培养学生团结协作的集体主义精神。

游戏准备：场地上画一起跑线，距起跑线 20 米处画 4 组直径约 20 厘米的小圆圈，每组 5 个小圆圈。

游戏方法：全班分成人数相等的 4 个队，各队起跑线上放 5 个小沙包。游戏开始后，第一人拿起沙包向前跑，“种”到每个圆圈内，然后跑回与第二人击掌后，跑到队尾站好。第二人向前跑去把沙包全收回来交给第三人。先完成的为胜。见图 8－4。

图 8－4　抢“收”抢“种”

游戏规则：(1) 沙包必须“种”到小圆圈内。(2)“种”或“收”结束后要排到本队的队尾。

游戏建议：根据学生的能力，适当调整跑的距离。

二、“丛林”追捕

游戏目标：发展学生的奔跑能力，提高学生的身体灵活性及反应速度。

游戏准备：全班排成四列横队，前、后、左、右各为两臂距离，两臂侧平举，形成

"丛林"通道。

游戏方法：选出两人立于"丛林"不同通道之间，一追一逃，追、逃者只能在"丛林"通道之间跑动，不得从手臂下钻过。教师可根据追逃情况，随时鸣哨指挥做"丛林"的同学向左、右转，改变"丛林"通道的方向。追者触到逃者身体任何部位即为捕获成功。

游戏规则：(1) 只能在通道之间跑动，不得从手臂下钻过。(2) 逃者被追者触到身体任何部位即为已被捕获。

游戏建议：追、逃者运动负荷较大，游戏时应注意及时替换追、逃者。

三、"兔子"钻洞

游戏目标：发展学生的奔跑能力，提高学生的身体灵活性及反应速度。

游戏准备：根据学生人数分成若干组。每组中选 3 人拉手围成圆圈当"兔子洞"，洞内住 1 只"兔子"。再选出两人，一人做没有洞的"兔子"，在"兔子洞"之间逃跑，一人做"猎人"在后面追捕。

游戏方法：游戏开始后，没有洞的"兔子"来回穿梭奔跑，逃脱"猎人"的追捕；被追捕的"兔子"可钻进任何一个"兔子洞"里躲避，原洞内的"兔子"要出洞逃跑，若被"猎人"抓到应互换角色，继续游戏。

游戏规则：(1)"兔子洞"内不得同时住两只"兔子"，如果遇此情况判先入洞的"兔子"输。(2)"猎人"禁止追入"兔子洞"。

游戏建议："兔子"和"兔子洞"每过一段时间应交换角色。

四、跑垒接力

游戏目标：发展学生的奔跑能力，培训学生团结协作的集体主义精神。

游戏准备：场地上画一个边长为 20 米的正方形，在正方形的 4 个角各画一直径为 1 米的圆圈作为垒。

游戏方法：全班分成人数相等的 4 个队，每队报数排定号次，以纵队分别站在两条对角线上。当"预备"口令发出时，各队第一人进入本垒，喊"开始"时立即向逆时针方向跑，依次通过各垒再回到本垒。最先跑完四个垒的计 4 分，其余依次计 3 分、2 分、1 分。同时到达的可并列计分。各队第一人跑完后第二人再跑，直到全队跑完为止。最后以各队得分多少确定名次。

游戏规则：跑垒时必须依次通过各垒，漏踏垒不计分。

游戏建议：(1) 可采用接力方法进行，超人时必须从外侧跑过，不得妨碍他人。(2) 根据学生的能力，可调整正方形的边长。

五、"鸭子"赛跑

游戏目标：发展学生的奔跑能力及身体的协调性，培养学生团结协作的集体主义精神。

游戏准备：场地上画一起跑线，距起跑线 20 米处设 4 个回转点标志。

游戏方法：全班分成人数相等的 4 个队，以纵队站在起点线后，排头半蹲，用大腿夹住 1 个排球（或足球）。教师发令后，各队排头立即夹着球向前跑，跑至回转点绕过小旗再跑回本队，将球交给第二人，照此方法继续进行，直至最后一人做完为止，先完成的队为胜。见图 8-5。

图 8-5 “鸭子”赛跑

游戏规则：(1) 只许跑，不能用双脚跳。(2) 球移位后，要停下来在原地调整，不能边跑边调整。(3) 若球在途中掉了，要在原地捡起夹好后再跑。

游戏建议：(1) 可在手中再拿一个球进行比赛。(2) 根据学生的能力，可适当调整跑的距离。

六、大“渔网”

游戏目标：发展学生的奔跑能力及身体的灵活性，培养学生团结协作的集体主义精神。

游戏准备：用半个篮球场做“湖”。选出两个学生做“渔翁”，其余学生全部是“游”在“湖”里的“鱼”。

游戏方法：游戏开始，“渔翁”手拉手做“渔网”到“湖”里捕“鱼”。“鱼”被“网”

围住后即变为“渔翁”，一起拉起手做“网”去捕其他的“鱼”。直到所有的“鱼”被捉完，或到规定时间，游戏结束。见图 8-6。

图 8-6　大“渔网”

游戏规则：(1)“鱼”只能在“湖”里活动，出“湖”即变为“渔翁”。(2)“渔翁”只能把“鱼”围住，不准用手去拉或抓“鱼”。(3)“渔网”如果破了，必须接上才能继续捕“鱼”。

游戏建议：根据学生的人数，可扩大或缩小“湖”的范围。

七、“双龙咬尾”

游戏目标：发展学生的奔跑能力及身体的灵活性，培养学生团结协作的集体主义精神。

游戏准备：全班分成人数相等的两个队，站成纵队组成“龙”，排头做“龙头”，后面的学生双手搭在前面的人的肩上，最后一名学生做“龙尾”。

游戏方法：游戏开始后，两条“龙”互相攻击，“龙头”要设法“咬”(拍击)到对方的“龙尾”，同时还要保护自己的“龙尾”不被对方的“龙头”“咬”到。如“龙尾”被“咬”，做“龙尾”的学生则退出游戏，倒数第二的学生又成为新的“龙尾”。到规定的时间，剩人数多的队为胜。

游戏规则：(1) 两队“龙头”在攻击时不能相互动手推拉。(2) 在本队的“龙身”脱节时“咬”住别队的“龙尾”，不算成绩。

游戏建议：游戏过程中教师可鸣哨指挥，使“龙头”变“龙尾”。

第三节　跳跃类游戏

运动箴言

学习的最大动力，是对学习材料的兴趣。——布卢姆

一、跳“骆驼”

游戏目标：发展学生的跳跃能力及身体的协调性，培养学生团结协作的集体主义精神。

游戏准备：全班排成人数相等的四路纵队，以两臂的间隔距离站好，除排尾外，其余的人两手扶膝，弓背弯腰，低头含胸，站好当“骆驼”。

游戏方法：教师发令后，每队的排尾向前跑依次以双手按“骆驼”背部连续做分腿腾跃后，前跨一步，变为“骆驼”。以后其他人也依次全部跳过，先完成的队伍获胜。见图 8－7。

图 8－7　跳“骆驼”

游戏规则：必须以分腿腾跃跳过“骆驼”。

游戏建议：可先由第一人当“骆驼”，其余依次全部跳过后，再换第二人当“骆驼”，继续游戏，以此类推。

二、“青蛙”过“河”

游戏目标：发展学生的跳跃能力及身体的协调性，培养学生团结协作的集体主义精神。

游戏准备：场地上画相距 10 米的起点线、终点线，终点线上设 4 个间距相等的标志杆。

游戏方法：全班分成人数相等的 4 个队，成纵队站在起点线后，分别对准对面的标志杆。游戏开始后，各队排头双脚并拢（或分开）连续向前跳，绕过标志杆后，继续跳回拍本队第二人的手，然后站到本队队尾。第二人继续照此方法进行，最后以先完成的队为胜。见图 8-8。

游戏规则：(1) 必须双脚跳，否则视为犯规，重做。(2) 必须拍到手后，下一个人才能开始。

游戏建议：(1) 可先经过练习再进行正式比赛。(2) 各队的次序可由各队自行调整。(3) 根据学生的能力，可适当调整“河”的宽度。

图 8-8 “青蛙”过“河”

三、跳“篱笆”

游戏目标：发展学生的跳跃能力，培养学生团结协作的集体主义精神。

游戏准备：全班分成人数相等的两队，面对面成横排，两队之间间隔两臂距离。每队成员两臂侧平举拉手以跪姿在地上筑成“篱笆”。

游戏方法：教师发令后，排尾持接力棒从篱笆间穿梭跳向排头，将接力棒递交给排头，然后与排头拉手做“篱笆”，接力棒逐人传到排尾，排尾接棒后再向排头跳，依次每人做一次，先跳完的队为胜。

游戏规则：(1) 手臂必须伸直平举，不能降低。(2) 除传、接棒外，两臂要保持拉手姿势。

游戏建议：根据学生的能力，可规定在跑动中跳过“篱笆”，也可规定始终用跳的动作完成。

四、“斗鸡”

游戏目标：发展学生的腿部力量及身体的平衡能力，培养学生团结协作的集体主义精神。

游戏准备：场地里画若干个直径为 2 米的圆圈，将学生分成人数相等的两个队，分别站在圆圈的两边。

游戏方法：游戏开始，在每个圆圈内每队各进一人，面对面单腿站立，另一腿屈膝提起，两手放在背后互握。教师发令后，两人一边用单脚跳动，一边用肩部去撞对方，以将对方撞得单脚站立不稳而双脚落地或将对方撞出圈外得 1 分。到规定时间（30 秒）后，换第二批人进行，直至最后一批做完。得分多的队获胜。见图 8－9。

图 8－9 “斗鸡”

游戏规则：（1）不许用手推或拉人，不许用头或膝顶人。（2）屈起的腿落地、被撞出圈外、踩线以及手撑地，均失分。

游戏建议：“斗鸡”的另一种方法是一腿在体前弯曲，用两手抱住，用膝关节去顶、撞对方，但这种方法容易使人受伤，应谨慎使用。

专家提示

体育游戏课的注意事项

（1）要突出和强调组织纪律性。

（2）掌握和激发学生在体育游戏中的情绪。

（3）要言传身教，全面关心学生。

（4）要注意安全，防止伤害事故的发生。

（5）奖罚分明，促进学生参与的积极性。

实践与探究

1. 体育游戏对青少年身心发展有什么作用？
2. 根据目标、准备、方法和规则的格式设计一个游戏方案。

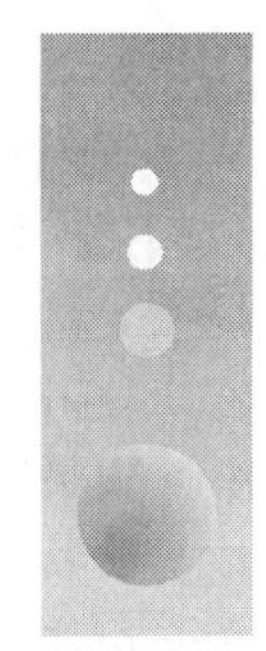

第九章　体育竞赛与欣赏

教师寄语

体育竞赛的意义在于体育比赛能发挥和提高个人、集体在体格、体能、心理及运动能力等方面的潜力。在公平竞争的比赛中，应对队友和对手谦和有礼，遵守道德，待人真诚，无论输赢始终保持体面的态度。体育比赛必须在公平竞争的情况下完成，如果没有公平竞争，就不是真正的竞技体育比赛。

体育竞赛以其独有的生动形象吸引着亿万人去关心它、欣赏它。从观众角度、运动员角度、战术角度、技术角度、体育文化角度等方面观赏体育比赛，有不同的意义。

第一节　运动竞赛的种类

运动箴言

不以规矩，不能成方圆。——孟子

运动竞赛分类的方法较多，按竞赛任务的不同可以分为综合性竞赛和单项竞赛两类。

一、综合性竞赛

综合性竞赛一般称为运动会或综合性运动会。它包括若干个运动项目的比赛，其任务是全面检查各项运动的普及和提高情况，广泛总结交流经验，推动体育运动的发展。如全国大学生运动会、全国运动会、亚洲运动会、奥林匹克运动会等。这种竞赛由于比赛项目多、规模大，组织工作比较复杂，通常都是每四年举行一次。

二、单项竞赛

单项竞赛以单独进行某一项目的比赛为内容，一般可分为下述几种。

（一）锦标赛

锦标赛是为检查某一运动项目的开展和教学训练情况，促使该运动项目不断发展而举行的单项比赛，如全国大学生篮球锦标赛等。有时也叫冠军赛或杯赛，如大学生兴华杯排球赛、全国田径冠军赛等。

（二）邀请赛和友谊赛

邀请赛和友谊赛由一个或几个单位、学校或国家，邀请其他单位、学校或国家参加的比赛。其目的是增进友谊和团结，互相学习，共同提高某项运动水平。各种访问比赛都属于友谊赛。

（三）对抗赛

对抗赛是由两个实力相近的单位或国家联合举办的竞赛。其目的是交流经验、切磋技艺、取长补短、共同提高。如中日田径对抗赛。

（四）等级赛

等级赛是按运动员不同技术水平分别举行的比赛。如田径、游泳、体操等项目按运动员等级举行的比赛，球类项目的等级联赛等。其主要目的是鼓励和促进运动员提高运动水平，争取升级。

（五）测验赛

测验赛是为了达到一定的标准，或了解运动员成绩提高的情况而组织的比赛。如体育锻炼标准测试赛等。这类比赛一般也可不计名次，但应记录测验成绩。

（六）选拔赛

选拔赛是为了发现和挑选运动员，组织或补充代表队，准备参加高一级的比赛而举行的比赛。如学校举行的新生乒乓球选拔赛等。

（七）及格赛

一般是在参赛人数过多，有可能影响正式比赛的正常进行时，先举行及格赛，达到预定成绩（或名次）标准者，才能参加正式比赛。这种比赛的主要目的就是要淘汰一定数量的参赛者，如田径跳高比赛的及格赛等。

（八）表演赛

表演赛是为了宣传体育运动、扩大影响而进行的比赛。注重技、战术的充分发挥，一般不计名次，是一种带有示范性、娱乐性的比赛。

（九）通信赛

通信赛是用通信方式组织的比赛。凡是可以计量（时间、距离、重量、环数）的项目都可采用，如全国研究生通信比赛等。其优点是组织工作较简单，节约经费和时间；缺点是运动员没有临场互相学习的机会，比赛条件也不尽相同。

第二节　体育竞赛的方法与编排

运动箴言

生活多美好啊，体育锻炼乐趣无穷。——普希金

一、循环赛的方法与编排

（一）循环赛的概念、种类和特点

1. 循环赛的概念

循环赛又称循环法，是指参赛队或个人之间，都要互相轮流比赛，最后按照各参赛队在全部比赛中的胜负场数，以及得分多少排定名次的比赛方法。

2. 循环赛的种类

循环赛包括单循环、双循环和分组循环三种。

（1）单循环指所有参赛队（人）互相轮赛一次。

（2）双循环指所有参赛队（人）互相轮赛两次。

（3）分组循环指参赛队较多时，采用种子法，把强队分散在各组，先进行小组单循环赛，再根据小组名次来组织第二阶段的比赛。

3. 循环赛的特点

优点：（1）参赛队机会均等。（2）实战和互相观摩学习的机会多。（3）能准确地反映出参赛队之间真正的技术水平，客观地排定参赛队的名次。（4）比赛结果的偶然性和机遇性小。

不足：比赛总的期限长，占用场地和时间多，当参赛队（或个人）多时，直接采用大循环有一定困难，应用范围上有一定的局限性。

矛盾：（1）如何合理地安排比赛的顺序，避免在比赛时间、间隙、场次、地点和比赛条件等方面出现不均衡现象。（2）当比赛结果有两个或两个以上队的胜负场数相同、得失分相等时，如何根据不同项目的特点，科学地解决好最后名次的排定。

（二）循环赛的轮数与场数计算

1. 循环赛的轮数

每个参赛队赛完一场（轮空队除外），称为一轮结束。计算循环赛的轮数，目的在于计划整个比赛所需用的时间或期限，是安排比赛日程的主要依据。

计算方法：

（1）当偶数（双数）队参赛时：比赛轮数＝参赛队数－1 。

（2）当奇数（单数）队参赛时：比赛轮数＝参赛队数 。

（3）双循环赛的轮数是单循环赛轮数的加倍。

2. 循环赛的场数

循环赛的场数是指参赛队之间互相轮流比赛全部结束的总场数。计算循环赛的比赛总赛场数，目的在于计划安排人力、物力、比赛日程与场地。

计算方法：

单循环比赛场数＝参赛队数×(参赛队数－1)÷2

双循环比赛场数＝参赛队数×(参赛队数－1)

（三）循环比赛顺序的编排方法与注意事项

1. 循环比赛顺序的编排方法

(1) 轮次表的安排方法。

1) 逆时针旋转法。

若参赛队（或个人）为偶数，一般都采用此方法来安排各轮的比赛。

举例：6 个队单循环比赛的安排如下：

第一轮	第二轮	第三轮	第四轮	第五轮
1VS 6	1VS 5	1VS 4	1VS 3	1VS 2
2VS 5	6VS 4	5VS 3	4VS 2	3VS 6
3VS 4	2VS3	6VS 2	5VS 6	4VS 5

2) 顺时针旋转法。

奇数队参加比赛，若仍按逆时针旋转，将出现一些因轮空休息带来的不合理现象。所以，在奇数队参赛时，可采用顺时针旋转法进行编排。

举例：5 个队单循环比赛的安排如下：

第一轮	第二轮	第三轮	第四轮	第五轮
2VS 5	3VS 1	4VS 2	5VS 3	1VS 4
3VS 4	4VS 5	5VS 1	1VS 2	2VS 3

3)“大旋转、小调动”法。

根据需要，可以在某种有规律性的轮转方法基础上，把部分比赛顺序加以调动来安排整个比赛顺序。这种调动方法是多样化的，但必须有其内在的规律。

举例：6 个队单循环比赛的安排如下：

第一轮	第二轮	第三轮	第四轮	第五轮
1VS 3	1VS 5	1VS 6	1VS 4	1VS 2
5VS 2	6VS 3	4VS 5	2VS 6	3VS 4
6VS 4	4VS 2	2VS 3	3VS 5	5VS 6

(2) 单循环的抽签定位和编排竞赛日程表。

1) 单循环比赛的抽签定位方法。

单循环比赛根据队数编排好轮次后，应将比赛队安排进轮次表内。把比赛队安排进轮次表可采用以下两种方法：第一种是，按参赛队数做好相应的号签，抽到相应号码的队即对号入座排入轮次表内。第二种是，将上一年度比赛的名次作为各队进入轮次表的代号。

2) 编排竞赛日程表。

轮次表填好后，把各轮次的比赛编成比赛日程表印发给各队。

2. 双循环比赛的编排方法

双循环比赛轮次表的编排与单循环比赛相同，只要排出第一循环，第二循环可按表重复一次，也可以重新抽签另排位置。第二循环的比赛如何进行，应在竞赛规程中明确规定。

双循环比赛的轮次数与场次数，均为单循环比赛的两倍。

5 个队参加双循环比赛轮次安排表如下：

	第一轮	第二轮	第三轮	第四轮	第五轮
第一循环	2VS 5	3VS 1	4VS 2	5VS 3	1VS 4
	3VS 4	4VS 5	5VS 1	1VS 2	2VS 3
	第一轮	第二轮	第三轮	第四轮	第五轮
第二循环	2VS 5	3VS 1	4VS 2	5VS 3	1VS 4
	3VS 4	4VS 5	5VS 1	1VS 2	2VS 3

3. 分组循环赛的编排方法

分组循环赛分为预赛和决赛两个阶段。

(1) 预赛阶段的编排方法。

按规程规定将参赛队分为几个小组，各组参照单循环比赛编排，排出小组比赛表，然后确定种子队的位置。

分组循环赛一般按分组数和分组数的 2 倍数确定“种子”队数，如“种子”队数为组数的 2 倍，应采用“蛇形”排列法，将“种子”队依次排列在各小组的 1、2 号位置上，非“种子”队也应在抽签后定位。

举例：分组单循环赛抽签和“蛇形”排列法。

1) 首先在领队会上协商确定种子队：种子队的队数一般等于分组的组数和分组数的 2 倍。

2) 抽签方法：种子队先抽签，确定各种子队的组别，然后其他队再抽签确定组别。

3) 另一种方法为“蛇形”排列分组，即按上一届名次进行分组。

例如，16 个队分 4 组比赛安排表如下：

第一组	第二组	第三组	第四组
1	2	3	4
8	7	6	5
9	10	11	12
16	15	14	13

(2) 决赛阶段的编排方法。

各队在预赛阶段分组单循环赛中的名次，将决定其进入决赛阶段比赛的位置。

常用的比赛方法有：

1) 同名次赛，即将各小组预赛中相同名次的队伍编在一起进行比赛。

2) 分段赛，即将各小组的名次分为几段，同一段的队伍编在一组进行比赛。

3) 交叉赛，即各组的前两名交叉比赛，两场的胜者进行决赛争夺 1、2 名，两场的负者再相互比赛决出 3、4 名。各组的 3、4 名用同样的方法决出 5、6 名，其余类推。

4) 录取名次赛，即根据竞赛规程规定的录取名次，在各小组录取数量相等的队进入决赛，其余的队不再继续比赛。

4. 循环比赛日程编排的注意事项

(1) 当参赛队呈单数时，不宜采用一号队固定的逆时转法来编排比赛顺序。

(2) 循环赛必须按轮次的次序逐轮进行：每一轮次中的比赛，必须全部赛完，方可进入下一轮的比赛，这样才能使各参赛队的比赛进度保持一致。绝不可在前一轮比赛尚未全部结束前，让下一轮某场提前进行。

(3) 注意各队在每场比赛结束后，有基本均等的休息时间。不同运动项目的比赛，场与场之间每队最低限度的休息时间不相同。

(4) 编排时，要统筹兼顾比赛条件、场馆、观众、时间的安排，使各队基本上达到均衡。

二、淘汰赛的方法与编排

(一) 淘汰赛的概念、种类与特点

1. 淘汰赛的概念

淘汰赛又称淘汰法，通过比赛逐步淘汰成绩差的，最后评出优胜者。

淘汰赛进行的方法是，全部参赛者按编定的顺序进行比赛，胜者进入下一场比赛，负者被淘汰，直至淘汰剩最后一位参赛者，这位参赛者就是这次淘汰赛的冠军。

2. 淘汰赛的种类

淘汰赛分为单淘汰、双淘汰、交叉淘汰三种。

(1) 单淘汰是在比赛中失败一次即失去比赛资格，获胜者继续比赛，直至最后确定优胜者为止。

(2) 双淘汰是在比赛中失败两次即失去比赛资格，获胜者继续比赛，直至最后确定优胜者为止。

(3) 交叉淘汰是分组循环赛进入决赛阶段的一种比赛方法，实际上也就是单淘汰。

3. 淘汰赛的特点

(1) 优点。

1) 比赛的容量大，在最短的时间内，较少数量的场地条件下，安排大量的选手进行比赛，常用于参加队数较多、期限短或经费有限的比赛。

2) 比赛具有强烈的对抗性。比赛双方没有妥协的可能性，非胜即败，败后将失去进行下一轮比赛的资格。

(2) 缺点。

1) 竞赛过程机遇性强，竞赛结果偶然性大。除第一名外，很难合理地排定其他参赛者的名次。

2) 强者之间很可能在前几轮就遭遇，一次失败即被淘汰，造成名次排列上的不合理现象。

3) 参赛者之间互相交流、学习、比赛的机会少。

(3) 对策与措施。

1) 运用“种子”、分区、抽签或定位等方法，使强者或同一单位参赛者之间避免过早相遇。

2) 采用补赛法（附加赛），以帮助确定第 2 名以后的名次。

3) 增设双淘汰赛（失败两场方被淘汰）。

(二) 淘汰赛的轮次、场数和号码位置的选择

1. 淘汰赛的轮次与场数计算

(1) 单淘汰赛轮次和场数计算方法。

1) 轮次=参赛者数对 2 的乘方数。

例如:2 个参赛者=2 的 1 次方=1 轮;4 个参赛者=2 的 2 次方=2 轮;

8 个参赛者=2 的 3 次方=3 轮;16 个参赛者=2 的 4 次方=4 轮;

32 个参赛者=2 的 5 次方=5 轮;64 个参赛者=2 的 6 次方=6 轮;

128 个参赛者=2 的 7 次方=7 轮;256 个参赛者=2 的 8 次方=8 轮。

2) 单淘汰赛的比赛场数=参赛队(人)数-1。

例如:8 个参赛者比赛,需进行 3 轮、7 场比赛。

(2) 双淘汰赛轮次和场数计算方法。

1) 轮次:

胜方轮次与单淘汰赛相同(即参赛者数对 2 的乘方数)。

负方轮次=参赛者数对 2 的乘方数×2-2。

2) 场数:

双淘汰比赛场数=2×参赛队数-3。

例如:8 个参赛者比赛,需进行 7 轮、13 场比赛。

2. 淘汰赛号码位置的选择

(1) 在淘汰赛中安排参赛者(队)位置的号码称“号码位置”。

(2) 由于参赛者的人数不一定恰好是 2 的乘方数,在确定淘汰赛的号码位置时,应根据参赛人数(或队数),选择最接近的、较大或较小 2 的乘方数作为号码位置数。

(三) 淘汰赛的编排方法与注意事项

1. 轮空与抢号方法

(1) 轮空。

淘汰比赛中,当参赛者(队)人数小于选用的号码位置数时,没有安排参赛者(队)的号码为轮空号码。

轮空数的计算方法是:

轮空数=号码位置数-参赛者(队)人数

(2) 抢号。

1) 淘汰赛中,当两个参赛者(队)用同一个号码位置时,就出现抢号。

2) 抢号的运动员实际上就是不轮空的运动员。

2. 分区的方法

(1) 把全部号码位置分成几个相等的部分,称为“分区”。

(2) 在淘汰赛中,为使同一单位的参赛者不过早相遇,要把他们合理分开,安排在不同的区内。

3. “种子”的安排方法

(1) 在淘汰比赛中,由于参赛者人数较多,为避免强手或强队过早相遇,可以把他们确定为“种子”。

(2) “种子”的数目应根据参赛者人数的多少来确定,一般采用 2 的乘方数。

(3)“种子”的号码位置，可查“种子位置表”。

4. 抽签的方法

(1) 抽签是确定参赛者在淘汰赛中号码位置的一种方法。

(2) 基本要求是将“种子”和同单位的参赛者合理地分开，均匀地分布。

(3) 一般比赛的抽签工作，通常由主办单位代抽。通常由裁判长，各参赛单位代表，或该运动项目中德高望重的专家和权威人士代抽。

5. 淘汰赛编排的注意事项

单、双淘汰赛的抽签工作结束后，紧接着就应对全部比赛场次进行编排，即确定全部比赛的日期、时间和场地。这是一项十分重要和细致的工作，编排方案的质量直接影响到竞赛、观众、场地、交通等各个方面。如何在规定的时间内，科学合理地安排在一定数量的场地上，按一定的秩序进行比赛，必须经过反复考虑，最后请各方面的人员来综合检验，方能定案。

(1) 在球类个人项目的淘汰赛中要避免出现重场、漏场和连场等问题，要注意全面检查，反复核对，杜绝差错。

(2) 淘汰赛的比赛应逐轮进行，以保持比赛进度一致。

(3) 安排好团队和个人单项比赛的决赛。

(4) 凡属有兼项比赛的球类项目淘汰赛中，编排时应考虑每个选手可能出现的最大比赛强度和极限量。

(5) 对于一个场馆内安排多个比赛场地的小球项目竞赛，要注意科学、合理地使用比赛场地。

第三节　混合、顺序、轮换等竞赛方法与编排

运动箴言

体育竞赛之最绝妙处乃由于它只在手做，不在口说。——赫尔巴特

一、混合法比赛的竞赛方法与编排

混合法比赛是循环法和淘汰法混合运用的一种竞赛方法。它在球类集体项目的竞赛中采用较多。当参赛队较多时选用混合赛最为合适。

一般比赛分两个阶段，即预赛和决赛。有以下两种方法：

(1) 第一阶段采用分组循环赛（预赛）；第二阶段采用交叉淘汰赛（决赛）。

(2) 第一阶段采用淘汰赛（预赛）；第二阶段采用循环赛（决赛）。

举例：12个参赛队，采用混合法进行比赛：1）第一阶段分A、B两组进行单循环比赛（预赛阶段）。2）第二阶段进行交叉淘汰赛（决赛阶段）。在预赛阶段分组比赛结束后，即采用交叉淘汰赛的比赛形式确定最后比赛名次。首先将分组比赛A、B两组的前两名4

个队编成一组，争夺 1～4 名；两组的 3、4 名编成一组，争夺 5～8 名；两组的 5、6 名编成一组，争夺 9～12 名。

二、顺序法比赛

（一）顺序法比赛的概念

顺序法比赛是按规定的顺序依次进行比赛的一种方法。

（二）顺序法比赛的种类

顺序比赛有分组与不分组两种。

（1）分组顺序法是将参赛者分为若干组，分别依次比赛，按预赛、复赛、决赛结果决出名次。适用该方法的项目必须是以客观标准（时间、距离、重量、命中环数等）评定运动成绩的项目。例如，田径项目中的径赛。

（2）不分组顺序法是在同一比赛时间内不能有两人以上进行比赛的项目中采用。例如，跳高、跳远。

（三）顺序法比赛的特点

（1）优点：参赛者的比赛条件基本相同，对抗性强，竞争气氛浓，有利于创造佳绩。

（2）缺点：费时较多，参赛人数多时困难大。

三、轮换法比赛

（一）轮换法比赛的概念

轮换法比赛是在同一时间内，参赛者按规定的轮换顺序，进行不同项目的比赛。

举例：如在竞技体操中按各单项分组进行比赛，比赛完一个项目后，各组依次轮换，再进行其他项目的比赛。

（二）轮换法比赛的特点

（1）优点：竞赛时间短。

（2）缺点：比赛的条件不同，各队轮换的顺序有好有差，竞争气氛不浓。

第四节 体育竞赛成绩与名次的评定

运动箴言

友谊第一，比赛第二。

一、单项成绩的评定方法

（1）以客观的时间、距离、高度、重量、中靶环数等实际计量来评定参赛者（或队）

的成绩和名次，即达标。例如，田径、游泳、举重、射击、射箭、划船等。

（2）按完成规定动作和自选动作的质量来评定，即技评。例如，体操、武术、跳水、舞龙、舞狮等。

（3）根据比赛总积分多少、战胜对手的情况或其他特定因素来进行评定。例如，各种球类项目、摔跤、击剑等。

二、团体名次的计算方法

通常是将各参赛单位的个人或集体的成绩和名次折合成分数，累积起来评定名次。经常采用的方法有以下几种：

（1）按金牌多少和奖牌多少来排名。

（2）按团体总分来排名。

第五节　怎样欣赏体育竞技之美

运动箴言

体育是健、力、美三位一体的组合。

一、欣赏竞技体育的方法

（一）欣赏方法

1. 欣赏体育精神

从整体上说，体育精神包括竞争精神、自我超越精神和团结协作精神。体育比赛的最大魅力在于永恒的竞争，在于有规则的公平、公开、公正（平等、和平）的竞争。从运动员的内在智慧及精神的角度观赏体育竞赛。竞技体育最能吸引观众的重要原因是比赛不仅比技术，而且比战术，比智慧，比精神。如篮球、排球比赛中如何发挥身高优势或避开身高弱势等。

2. 欣赏比赛的形式

欣赏竞技体育比赛大致可分为以下三种类型：

（1）欣赏直接对抗性竞技项目。包括篮球、排球、足球 、手球等球类项目，以及拳击、摔跤等个人项目。欣赏这类比赛项目，应注意欣赏比赛过程中个人技术的运用和整体战术的配合以及运动员所表现出的那种勇于承担责任、视野开阔、豁达合群和大智大勇的精神状态。

（2）欣赏对比性竞赛项目。包括体操、跳水、花样游泳、花样滑冰等。这类项目比赛的特点是对比，要求运动员按规定条件和动作质量去完成比赛的技术动作，比赛中强调动作难度、美观和富有艺术性。

（3）欣赏记录性竞赛项目。欣赏这类比赛项目，应注意欣赏比赛过程中运动员那种你追我赶的拼搏精神及勇敢坚毅、刻苦耐劳的优良品质。

3. 体育欣赏特性

体育欣赏特性一般有直觉性、创造性 、趣味性、超越性等。在体育教学中应加强体育欣赏直觉性教学，使学生的感性世界具有丰富的精神多样性。结合体育欣赏内容充分调动学生的积极性和多种思维方式，培养学生多方位的创新能力。依据体育欣赏的趣味性培养学生的个性，使学生对自己喜欢的体育项目产生兴趣，提高对该项目的欣赏水平，养成习惯，培养意识，为终身体育打好基础。要多利用体育欣赏的超越性，改善学生的不良心理，增强自信，担当责任，正确对待成功与失败，促进学生心理正常发展。

（1）体育运动塑造的身形美。

（2）体育运动中的美：运动美；造型美；技战术美；力量美；意志美；人格魅力。

（3）体育相关要素的美：体育建筑；体育服装、体育雕塑与体育工艺品；体育中的音乐美。

4. 体育文化

随着现代社会的发展，人们渴望在闲暇时间去感知更多美好的东西，使心灵净化，使心情愉悦。体育中的美无处不在，这是因为体育是与强健体魄，陶冶情操紧密相连的。青年学生中人们常说的形体美，主要是指令人赏心悦目的身形和优美的姿态。人们能在观看体育比赛的过程中去欣赏美、鉴赏美。如何在观赏体育比赛的过程中去鉴赏体育美呢？体育中的美，主要是从人体的健康美上表现出来，它在运动的过程中表现出来，通过锻炼而凝集为健康美。要学生感知和认识体育美，提高体育艺术欣赏力，要了解它的主体和表现形式，深入体育美的各个方面。

（二）体育美的主体

体育美的主体是身体美，身体美包含以下内容。

1. 体型美

体型美很大程度上取决于骨骼的构成与肌肉的状态和机能，有严格的科学标准。体型的改善是体育的目标之一，健美的体型不仅反映出民族体质的增强，还表现出一个民族的气概和精神面貌。

2. 骨骼美

骨骼是体型的基础，直接关系体型的美，因为身体的比例是由骨骼的形成状况决定的。人体的骨骼以脊柱为轴，左右基本对称，呈现出平衡的形式美。

3. 肌肉美

须使全身肌肉均衡发达。发达而富有弹性的浅层肌肉，是构成身体曲线美的基础。运动中要做到协调美，需要人的神经系统各种感知良好的配合，这样才能控制身体做各种动作，也才能给人以美感。

4. 灵敏美

灵敏指人体动作的灵活巧妙和迅速应变的能力。它是运动技能和各种素质在活动中复杂的综合反应。灵敏表现了人在紧急情况下所发挥的反应能力，常给人带来惊奇、赞叹和意想不到的愉快情绪。

5. 平衡美

平衡美指身体在运动中出现的相对静止的均衡动作所显示出的美。基底不动的属于静态平衡，如手倒立、燕式平衡等动作，技巧项目是最能体现这种平衡的。基底可以移动的叫动态平衡。在体育运动中，大量动作属于这种平衡。许多项目是以瞬间的动作、转体和突然加速来改变身体位置，从整体上观察空间结构上的比例变化，很容易感受到平衡美。

6. 造型美

健美的人体动作造型是异常完美的艺术杰作。体育运动中的造型美往往是转瞬即逝的，但只要我们随时留意，到处都可以捕捉到。如足球运动员时而下底传中，时而凌空怒射；单杠上的回环穿上，双杠上的直膝摆；篮球场上的急起急停、瞄篮、过人、命中；排球场上的跃起救球、挥臂、扣球……都是优美的造型。

二、从内容方面鉴赏

（一）优雅的人体造型

体育艺术中人体的优雅造型动作无处不有。欣赏体育艺术不仅在于欣赏其外在的形式美，关键在于欣赏其内在的本质美，体育艺术造型的本质是体育艺术鉴赏的灵魂。例如田径运动中，运动员起跑的瞬间，身体如满弦之箭，千钧之力聚之一弦，虽然身体静如雕塑，但体内却如即将爆发的火山，这种动与静的共存，外在美与力的协调，使体育艺术的内在美更具魅力。

（二）精湛的技艺

技艺的精湛在于它的协调、创新、高难度以及扎实过硬的基本功。体育艺术不同于文学艺术，它的每一分潇洒、每一丝魅力都是血与汗的凝结，都是苦痛与光荣的聚集。所以对体育艺术的鉴赏不仅仅是对精湛技艺的外在美的惊叹和钦羡，更重要的是对其内在美的回味与思索，以及通过这些具体可感知的艺术形象得到的启迪和教育。

（三）富有韵律的节奏

没有节奏，就没有运动，就不会有韵律。我们欣赏体育艺术，就是分别感受各个项目内在的富有韵律的节奏美。例如个人项目中的竞赛，每个运动员的步频、步幅以及对每一程速度的把握都不会雷同；集体项目中的球赛，有的队全攻全守，有的队稳扎稳打，有的队则刚柔相济。从静态看，它们都呈现出不同的基调、不同的风格；从动态看，就是不同的节奏。作为欣赏者，就是要从这些动作的差异和变化中体会体育艺术的节奏美。

（四）崇高美

崇高是体育美的一种表现形式。要升华体育艺术欣赏的品位，就必须牢牢地把握住这个要素。崇高美存在于体育的全过程，通常表现在体育的目的、过程和结果等方面。目的崇高：奥林匹克运动的格言是“更快、更高、更强”，它不仅是人们理想的体育审美尺度，更表现出了体育的崇高目的。奥林匹克运动的名言是“参加比取胜更重要”。这说明，只要我们抱着崇高的目的去投身体育，结果是什么并不重要。因为在这个过程之中，我们已经用实际行动确证了人格的伟大。结果的崇高：体育运动以超越自我为目的，以顽强的意志操作和紧张的探索为过程，显示了崇高的价值，这种价值最终要积淀到结果上来。成功具有一种英雄式的传奇色彩，失败给人一种崇高的悲剧性情绪体验。

三、从艺术形式方面鉴赏

（一）从开幕式、闭幕式上欣赏

一场大型运动会的开幕式、闭幕式，往往是一部壮观的史诗，一幅壮阔的画卷，一片欢乐的海洋。开幕式上总是回荡着一个声音：体育将带给人类健康、友谊、和平，体育鼓舞着人类精神抖擞、豪情满怀地走向明天。闭幕式上更是没有了国别、种族、肤色、语言的限制，竞技的胜利和失败此刻已微不足道，映现出来的只有对美的追忆、友谊的留恋。

（二）从竞赛场上欣赏

竞赛活动体育艺术鉴赏中，人们最容易感知的还是竞赛中表现出的美。竞赛场向人们展示的是激烈、勇敢、精彩、刺激、紧张，标志着人类在不断地向自然挑战，向自身的极限挑战。缺乏感受性的人是不完善的，缺乏感受能力的运动员，对动作领会慢，训练效果差。增强感受性最适宜的活动是审美活动，在对美的重复体验中，培养运动员灵活、敏捷、反应快等各种能力，大大增强感受性。例如，我国的优秀运动员在体操等国际比赛上表演出一流的高难度技术动作，我们的技术水平虽高，但因乐感差、韵律差、节奏差、协调性差，缺乏美的表现能力和创造能力，往往却拿不到冠军。

未来体育向着越来越美的趋向发展，因此，在提高运动技术水平的同时，应该让美育进入训练计划中去。未来的运动员，不仅要有远大的理想、精湛的技术、良好的身体素质、丰富的科学文化知识，还应该具备较高的艺术修养，学会运用美的规律来改造世界。我们应该对所有的体育工作者都实施美育，为他们敞开艺术的大门——小说、诗歌、散文、戏剧、歌舞、电影、杂技、绘画、雕塑。让他们多接触艺术，欣赏艺术，热爱艺术，在体育运动中表现和创造出更多的美。

学习体育欣赏，就是要提高我们这种发现并欣赏体育美的艺术修养，从中发掘体育的艺术天赋，对体育产生浓厚的兴趣。

我们学习体育欣赏，也是在学习体育赛事中的各种不同的比赛规则，假如我们欣赏一场体育比赛，而不懂得体育比赛的基本规则，那仅仅只是看热闹，局限于体育欣赏的低层次。对于比赛中双方的斗智斗勇、胜负转换和裁判员的判罚，会感到茫然，甚至还会像足球场上的“足球流氓”一样对裁判员、运动员无端指责。更体会不出比赛中技术战术的运用、美的享受、丰富的情趣和思索的哲理。

体育中的美，如同奥运会神圣的火炬，指引着体育的发展。如雨后春笋般萌生出来的新兴运动项目，几乎都可以看到审美意识的痕迹。

因此提高观赏体育赛事中的美的能力，必将是现在每一个体育爱好者所必需的。而从体育欣赏中，确实让我们从许许多多司空见惯的体育赛事中发现了许多以前从未觉察到的美。

（三）欣赏比赛的结果

欣赏比赛的结果是体育欣赏者的主要目的。虽然“重在参与”是人们从事欣赏与实践的体育信念，但对比赛结果的欣赏，能让人从中获得一种满足感、成功感。当人们在欣赏一场足球比赛时，尽管对比赛过程中运动员的技术、战术表演，对相互的默契配合有着一种良好的情感体验，但人们还是关心最后的结果。正是由于结果具有悬念，才使更多的观众有耐心看完一场也许会成为零比零的比赛。欣赏比赛的结果，能产生一种强烈的移情作用。例如 1996 年世界男篮锦标赛，王仕鹏的最后一投堪称中国篮球史上最有价值的一球，这一球是在最短的时间内、创造最小差额的结果的范例，是从我方立场出发所表达的竞技体育的“获胜”的真正含义，充分体现了体育比赛的残酷性和欣赏者的自控力。这一球具有欣赏比赛结果和欣赏比赛精神的双重价值。欣赏此类比赛的结果，能达到一种忘我的状态。在大球项目中，很难得有这样的震撼。

（四）体育欣赏特性

个体对体育欣赏特性的了解是体育欣赏能力提高的重要环节。体育欣赏特性既是固有的，又是可变的，反映出个体的道德与修养程度。体育欣赏特性一般有直觉性、创造性、趣味性、超越性等。

1. 体育欣赏的直觉性特征

体育欣赏的直觉性特征概括起来有以下三点：第一，体育欣赏活动的感性形成的存在。第二，具有直接性和整体性。第三，具有情感体验性和模糊性。体育欣赏的直觉性是感性的，但它渗透着理性，即体育比赛或活动中既有事，还有理，更有情。应加强体育欣赏直觉性教学，使学生的感性世界具有丰富的精神多样性。

2. 体育欣赏的创造性

体育欣赏的创造性特征是体育欣赏的重要特征，无论是从过程还是从结果来看，体育欣赏都趋向于新形式、新意象的发现与创造。在体育教学中，要结合体育欣赏内容充分调动学生的积极性和多种思维方式，培养学生多方位的创新能力。唯有创新才具活力，使学生懂得去体验，有利于学生个性的张扬。

3. 体育欣赏的趣味性

趣味是指人们对现实生活中的某些事物、某些现象表现出的一种富有感情和个性特征的喜爱和癖好。欣赏趣味，是人在社会的历史发展中形成的对欣赏对象进行评价、判断时的一种带有特定倾向性的主观爱好形式。在体育教学中，要依据体育欣赏的趣味性培养学生的个性，使学生对自己喜欢的体育项目产生兴趣，提高对该项目的欣赏水平，养成习惯，培养意识，为终身体育打好基础。

4. 体育欣赏的超越性

人的个体生命是有限的，是暂时的存在，但是人在精神上有一种趋向无限、趋向永恒的要求。欣赏主体在欣赏体育活动中，往往超越个体生命存在的有限性和暂时性，冲开人的精神束缚，获得审美愉悦。

四、举例：篮球比赛的观赏价值

（一）文化价值：促进个体人格与社会人格的和谐与统一

“体育运动作为一种实践活动其文化价值就在于人自身的价值，即人的全面、自由、和谐的发展，是人的身心的完美展开和全面实现，是个体人格和社会人格的和谐与统一”。在篮球运动中，体现上述价值的首先是运动者。但是，篮球运动所体现的文化价值不是运动者的专利，在观赏比赛的过程中，观众会自觉地将个人的情感融入比赛之中，此时的运动者成了观众情感的代表，观众通过球员的表现感受到人的自身价值，观众个体的性格、气质和能力通过运动群体的人格表现出来，从而促使个体人格和社会人格的和谐统一。

（二）美学价值：使人产生优美感与崇高感

在观赏篮球比赛中，人的优美感的产生源于篮球比赛中所展示出来的运动员优美的体形和出众的体能、运动员表现出来的优秀的个人技术和球员间富有创意的战术配合。与其他运动项目相比，篮球运动在上述因素中保持有自己的特点。篮球运动对运动员体能的要求是全面的，对高度的追求使运动员的身高成为体形的基本要求；由于需要与对方进行同场对抗，球员不仅要求有高度，而且要求有进行身体对抗的能力。篮球技术的特点在于既有规范的基础技术，又有充满个性特征的实战技术；技术的发挥需要有想象力和创造性。篮球战术的设计与运用是双方智慧和技能较量的手段。在篮球比赛中所有球员所展示的体形和体能、技战术的运用结果可使人产生美感。

在篮球比赛中，运动员表现出来的良好气质和行为规范使人产生崇高感。篮球运动从诞生之始，就定位于“文明的新运动”。篮球运动的发展始终与社会文明的进步相联系，如强调攻守间的平衡就反映了人们追求平等的理念；在个人能力充分发挥的同时要协助同伴进攻，则反映了人与人之间相互帮助的愿望。在长期的运动实践中，运动员所受到的教育往往是全面的，由此所具备的良好气质能够感染观众。

五、对不同项目的欣赏

随着竞技体育广泛发展，用于体育竞赛的运动项目也日益增多，它们以其不同的竞赛规则、独有的竞技方式和表现风格，吸引着世界上数以亿计的观众，为我们提供了丰富的文化、艺术享受内容。显而易见，要对如此众多的运动项目做全面介绍，实在是件很困难的事情。但为了有助于大家观赏，这里仅按不同的性质和形式，把运动项目分为五个类别，并就其中的主要项目进行大致的描述。

（一）欣赏测量类项目

测量类项目是以高度、远度、重量和通过一定距离所需时间确定比赛成绩的项目，包括测速、测距和计量三种分类。它们均以“更高、更快、更强”为追求目标，具有最大限度克服生理障碍、挖掘人体潜能的特点。

1. 测速类项目

测速类项目由运动员或运动员操纵运动器械，按通过一定距离所需时间决定比赛名次，速度和耐力是提高运动成绩的关键。

（1）田径运动中的径赛项目。这是指在跑道或公路上进行的比赛，包括竞走、短跑、中长跑、跨栏跑、接力跑、障碍跑和超长距离跑。无论是瞬间即逝的短跑，还是征途漫漫的长距离跑，运动员在克服极度生理疲劳的同时，都必须接受体力、意志和心理的巨大考验。尤其是实力、水平相近的比赛，胜负往往在 1/100 秒的瞬间决定，竞争激烈程度为其他运动项目所不及。因此，观众通常在屏息以待中，可以体验运动员向生理极限挑战的非凡勇气，并由此认识它在全面发展身体素质、提高人体机能水平方面的重要意义。速度滑冰简称速滑，比赛按分组和不同距离在 400 米或 333.3 米冰道上进行。速滑是典型的高速度、高技巧的比赛，要求运动员具有娴熟的弯道技术、灵活的反应能力，特别是短道比赛，更给人以惊险和有趣之感。在越野滑雪中，由于雪道崎岖不平且滑行距离较长，运动员脚踩滑雪板、手持雪杖穿梭滑行于山丘雪原，通常要以不同的滑行技术合理分配体力，因而可以使观众从中体验高超技术和充沛体力的完美结合，并尽情享受大自然景色赋予的美感。

（2）游泳。在奥运会比赛中，游泳比赛的金牌数仅次于田径，包括各种不同距离的蛙泳、蝶泳、仰泳、自由泳、混合泳和接力比赛，共 30 个单项。观赏游泳比赛，不仅可以了解不同泳姿的特殊要求，包括出发、转身、途中游和抵达终点等技术细节，还可以仔细观察运动员为减少水的阻力，在微细方面所做的努力。

（3）自行车。自行车比赛可以在赛车场和公路上进行。观赏赛场自行车比赛十分有趣，由于各种比赛方法都有特点，两人争先似游龙戏水，群雄追逐如狂飙卷地，因此竞争场面颇为壮观。

（4）赛艇。赛艇分单人、双人、四人、八人、单桨、双桨、有舵手和无舵手多种比赛形式。观赏赛艇比赛别有情趣，当运动员随活动座板前俯后仰，并挥桨划破镜面般的湖水飞速前进时，它与自然景观交相辉映，美感也尽在其中了。

2. 测距类项目

测距类项目由运动员或运动员操纵运动器械，以高度和远度决定比赛名次，力量、速度和技巧是提高运动成绩的关键。田径运动中的田赛是指在田径跑道以外进行的比赛，包括跳高、跳远、三级跳、撑竿跳高、铅球、铁饼、标枪、链球等项目。观赏田赛项目的比赛，虽不及径赛项目紧张激烈，但无论是运动员腾空而起，还是使器械飞越长空，其情景都无不把健、力、美呈现给观众。

3. 计量类项目

计量类项目由运动员操纵运动器械，以计算所克服的重量决定比赛名次，力量、速度和技巧是提高运动成绩的关键。举重是历史最悠久的运动项目。举重是体现力量最典型的比赛项目，运动员在举起杠铃的瞬间，往往把那种“力拔山兮气盖世”的雄姿展现给观众。

（二）欣赏评分类项目

评分类项目是按一定标准，对完成动作质量进行评分确定比赛成绩的项目，包括竞技体操、艺术体操、竞技健美操、技巧、健美、跳水、花样滑冰、花样游泳等。它们以一连串的动作组合为基本表现形式，具有空间运动、动静变幻、神形兼备等特点。观赏这类运动项目的比赛，应把动作准确、娴熟、协调、完美放在首位，注意编排结构、艺术造型和完整套路的变化，并从中领悟刚柔相济以及蕴含于风姿绰约中的内在魅力。

竞技体操包括男子自由体操、鞍马、吊环、跳马、双杠、单杠 6 个单项；女子跳马、高低杠、平衡木、自由体操 4 个单项。在竞技体操比赛中，运动员利用各种平衡、跳跃、空翻、摆动、屈伸、转体、回环、腾越、支撑、倒立等基本动作，按规定和自选编排原则进行组合，并在不同器械上完成，充分体现力量、柔韧与技巧的完美结合，把人体在空间的优美姿态和造型展现给广大观众，具有独特的艺术魅力。

跳水比赛有男女跳台、跳板等项目。在跳水比赛中，运动员通过起跳、腾空、转体、入水等组合动作，把飘逸、舒展和优雅的空中姿态表现出来，使观众顿感赏心悦目。花样游泳是通过运动员在水上或水下完成漂浮、翻腾、转体、旋转、倒立等动作，表演个人造型和集体编队的项目。观众主要观赏动作的难度、协调、流畅与编排，以及它在音乐和谐配合中表现的优美造型和体态。

花样滑冰有男、女单人滑，双人滑和冰上舞蹈 4 个比赛项目。观赏单人滑比赛要注意动作的难、新、稳；双人滑比赛应观赏双人动作的默契、配合、协调和统一；冰上舞蹈则欣赏它的舒展、洒脱、飘逸和俊美。

（三）欣赏得分类项目

得分类项目是根据规则，按每局其中一方得分达到规定数目确定比赛胜负的项目，包括乒乓球、羽毛球、网球、排球等。比赛双方各占场地一方，隔网相对，根据得失分情况交换球权，转换速度较快，运动员可在重新发球或接发球间歇中有较充裕时间思考，观众应针对攻、防技术和战术的灵活应用，注意观察运动员的想象力、创造性和心理自制能力。

乒乓球比赛共设男、女团体，男、女单打，男、女双打和混合双打 7 个项目。乒乓球比赛的对抗性极强，对技战术要求很高，观众通过运动员的判断反应、移步选位和挥拍击球等动态表现，可以欣赏他们在击球时对准确度、速度、旋转、力量和落点的完美追求。

羽毛球分单打、双打和团体赛 3 种比赛方式。羽毛球比赛时间较长，观众除了欣赏运动员娴熟的技术，还应了解他们在斗智斗勇中对战术的灵活应用。

排球比赛最早由球类游戏演变而成。观众可通过发球、传球、垫球、扣球、拦网等基本技术，欣赏运动员在千变万化的战术中表现出的精湛技艺、巧妙配合、战术意识、机智勇敢和顽强拼搏精神。

网球比赛分单打、双打和团体赛 3 种方式。网球被认为是高雅的运动，观众可通过队员的抽击球、切削球、截击球、高压球、挑高球、反弹球、放短球等基本技术，欣赏运动员在快速移动中，对发球战术、接发球技术、上网战术和底线战术的灵活应用。为了提高欣赏品位，还应了解有关规则和要求，切记在比赛进行中，绝对不要随意走动和发出声响，或用闪光灯照相。

（四）欣赏命中类项目

命中类项目是以命中目标数确定比赛成绩的项目，包括设防型和无防型两个分类。

1. 设防型项目

在设防型项目中，运动员通常按技术规范和事先布置的战术，在规则的严格控制下参与比赛，具有直接对抗、攻防变换、竞争激烈等特点。为了取得比赛胜利，运动员的个人技术和体力固然重要，但更强调勇敢顽强、集体配合和战术意识，其中包括观察、判断和预测能力。

足球是吸引观众最多的一项运动，比赛场面精彩纷呈，观众往往带着悬念了解各种战术风格、流派、阵型和技术特点，并欣赏运动员快速奔跑、长传急攻、短传配合、飞身铲断、鱼跃冲顶、临门一脚、凌空扑球等高超技艺，可以达到令人心醉的境地。

篮球比赛对抗性强，攻防转换都在瞬间完成，身体接触频繁、拼抢非常激烈，但同时又有极强的艺术欣赏价值。观众通过运动员的移动、传球、接球、运球、抢球、断球、投篮、扣篮等基本技术，可以欣赏全队的默契配合及灵活多变的攻、防战术。

手球比赛分 7 人制和 11 人制两种。手球技术包括持球、移动、射门、传接球、运球、突破、防守和守门等基本技术，观众通过运动员之间的传切配合、交叉换位、互相掩护、交换防守、关门封堵、补位防守和穿过配合等，可以欣赏他们在集体防守和进攻中表现的应变能力，以及对技术、战术的灵活应用。

水球的重大国际性比赛有世界水球锦标赛、世界杯水球赛和奥运会水球比赛。观众通过观察运动员在水中起跳、踩水、转体、抬头爬泳、快速游进、急停变向等专项技术，可以欣赏他们对紧逼防守、人盯人防守、区域防守、中锋定位进攻、快速反击、游动进攻等攻防战术的灵活应用。

冰球的重大国际比赛有世界冰球锦标赛（分 A、B、C 三组）和冬奥会冰球比赛。观众主要欣赏运动员细腻娴熟的个人技术、快速传递和灵活多变的战术配合。

曲棍球的重大国际比赛有世界曲棍球锦标赛、世界青年曲棍球锦标赛和奥运会曲棍球比赛。观众通过观察运动员的传球、停球、运球、抢截球、射门，欣赏他们快速、灵巧、准确用棍控制球的能力，以及局部和整体战术的运用。由于规则规定，攻方须在射门区内射门进球才算有效，所以射门区双方的激烈争夺是观众欣赏的主要焦点。

2. 无防型项目

无防型项目是在无人防守、干扰情况下，运动员凭借个人技术和体力优势，以命中目标多少计算成绩的项目，具有单兵作战、内紧外松的特点。沉着冷静、耐心细致、意念集中是取胜的关键。

射击按枪支和射击方法可分为步枪、手枪、飞碟和移动靶 4 类。射击比赛虽比较单调，但从运动员镇定自若的神态中，可以欣赏他们举枪射击、准确命中的大将风采和稳定的心理素质。特别是观赏飞碟比赛，当见到枪响碟落，观众更可以从中体验枪手潇洒风度和百发百中的乐趣。

射箭的重大国际比赛有世界射箭锦标赛和奥运会射箭比赛。射箭运动员要有足够的开弓力量和正确的姿势，观众应注意观察运动员准确的瞄准、沉稳的射出，并欣赏他们良好的心理素质和娴熟的射箭技巧。由于射箭比赛对每组箭射出的时间（每组射 3 支箭）都有限制，现场有灯、声音等进行提示，因此观众不要呐喊、喧哗，以免干扰运动员比赛。

（五）欣赏制胜类项目

制胜类项目决定成绩的方法比较特殊，它既含命中对方而得分的因素，又可直接制服对方而获胜，包括拳击、摔跤、柔道等项目。

拳击分职业和业余两种。拳击比赛需要很强的体力、全面的技术和敏锐的反应，观众在注意观察运动员脚下移动、灵活躲闪、试探性进攻的同时，应重点欣赏他们如何利用直拳、刺拳、勾拳、摆拳或组合拳突然向对方发起进攻，并给予对方致命一击的精彩场面。

摔跤比赛有古典式和自由式两种。观众主要欣赏运动员在攻防中采取的过胸摔、过背摔、跪撑、搭桥等技巧，以及运动员的个人“绝技”和顽强的意志品质。

柔道比赛在 14～16 米见方的“塌塌米”上进行，评分按技术质量、效果等因素分为

“一本”“有技”“有效”“效果”4 种。运动员得“一本”为绝对胜利，该场比赛即告结束，否则应按其他 3 种得分的多少评定胜负。“有技”可以胜过所有的“有效”和“效果”，一个“有效”胜过所有的“效果”。观众通过运动员在比赛中采取的投技、寝技（关节技、绞技、固技）等基本技术，可以欣赏他们如何占据合理位置，利用巧劲摔倒制服对手的精彩场面，并注意讲究礼节。

专家提示

做体育比赛的文明观众

（1）观看比赛应该提前入座，这样既尊重运动员，也不影响他人观看比赛。

（2）颁奖升旗奏国歌时，应该肃静起立，不要谈笑或做其他事情，以示尊重。

（3）运动员出场时，观众应该给予鼓励和掌声，不只给予本国和自己喜欢的运动员，还应该包括其他的运动员。

（4）当运动员开始准备起跑时，观众可以根据运动员的起跑节奏鼓掌，注意不要在看台走动。

（5）当运动员在起跑线上，宣告员开始介绍每位运动员时，观众应该报以热烈的掌声和欢呼声，以表示对运动员的喜爱和支持。当裁判员发出“各就位”口令后，即运动员俯身准备起跑时，赛场应保持绝对的安静，观众不要鼓掌呐喊，而应该在心里默默地为运动员加油，以免使场上运动员由于场外因素而分神。当发令枪响后，观众就可以完全释放出自己的活力和激情为自己的偶像呐喊助威了。

（6）比赛结束时，获胜运动员为答谢观众一般会绕场一周，大家一定要用掌声和欢呼声为他们的精彩表现表示鼓励。

（7）把赛场当作自己的家去爱护。赛场内禁止吸烟，手机要关机或设置成震动、静音状态。

实践与探究

1. 体育竞赛的常用编排方法有哪几种？
2. 根据性质和形式可将体育运动项目分为哪些类别？
3. 8 个队参加单循环比赛，共有多少场次？并写出轮次表。

附录　国家学生体质健康标准

2014 年 7 月 18 日，教育部印发了《国家学生体质健康标准（2014 修订）》（以下简称《标准》），要求各学校每学年开展覆盖本校各年级学生的《标准》测试工作，并根据学生每年总分评定等级。

2014 年修订的《标准》适用于全日制普通小学、初中、普通高中、中等职业学校、普通高等学校的学生，将学生按照年级划分为不同组别，身体形态类中的身高、体重，身体机能类中的肺活量，以及身体素质类中的 50 米跑、坐位体前屈为各年级学生共性指标。

《标准》的学年总分由标准分与附加分之和构成，满分为 120 分。标准分由各单项指标得分与权重乘积之和组成，满分为 100 分。附加分根据实测成绩确定，即对成绩超过 100 分的加分指标进行加分，满分为 20 分；小学的加分指标为 1 分钟跳绳，加分幅度为 20 分；初中、高中和大学的加分指标为男生引体向上和 1 000 米跑，女生 1 分钟仰卧起坐和 800 米跑，各指标加分幅度均为 10 分。

根据学生学年总分评定等级：90.0 分及以上为优秀，80.0～89.9 分为良好，60.0～79.9 分为及格，59.9 分及以下为不及格。

每个学生每学年评定一次，记入《〈国家学生体质健康标准〉登记卡》。特殊学制的学校，在填写登记卡时可以按规定和需求相应地增减栏目。学生毕业时的成绩和等级，按毕业当年学年总分的 50%与其他学年总分平均得分的 50%之和进行评定。

《标准》规定，学生测试成绩评定达到良好及以上者，方可参加评优与评奖；成绩达到优秀者，方可获体育奖学分。测试成绩评定不及格者，在本学年度准予补测一次，补测仍不及格，则学年成绩评定为不及格。普通高中、中等职业学校和普通高等学校学生毕业时，《标准》测试的成绩达不到 50 分者按结业或肄业处理。

此外，《标准》对学生因病或残疾的情况可向学校提交暂缓或免予执行《标准》的申请，经医疗单位证明，体育教学部门核准，可暂缓或免予执行《标准》，被免予执行《标准》的残疾学生，仍可参加评优与评奖，毕业时《标准》成绩需注明免测。

下面将高中阶段学生各测试项目评分标准摘录如下。其中单项指标与权重如表 1 所示，单项指标评分表如表 2～表 7 所示，加分指标如表 8～表 10 所示。

本《标准》由教育部负责解释。

一、单项指标与权重

表 1　单项指标与权重

测试对象	单项指标	权重（%）
高中一、二、三年级	体重指数（BMI）	15
	肺活量	15
	50 米跑	20
	坐位体前屈	10
	立定跳远	10
	引体向上（男）/1 分钟　仰卧起坐（女）	10
	1 000 米跑（男）/800 米跑（女）	20

注：体重指数（BMI）＝体重（千克）/身高^2（米^2）。

二、单项指标评分表

表 2　体重指数（BMI）单项评分表　　单位：千克/米^2

等级	单项得分	高一		高二		高三	
		男生	女生	男生	女生	男生	女生
正常	100	16.5～23.2	16.5～22.7	16.8～23.7	16.9～23.2	17.3～23.8	17.1～23.3
低体重	80	≤16.4	≤16.4	≤16.7	≤16.8	≤17.2	≤17.0
超重		23.3～26.3	22.8～25.2	23.8～26.5	23.3～25.4	23.9～27.3	23.4～25.7
肥胖	60	≥26.4	≥25.3	≥26.6	≥25.5	≥27.4	≥25.8

表 3　肺活量单项评分表　　单位：毫升

等级	单项得分	高一		高二		高三	
		男生	女生	男生	女生	男生	女生
优秀	100	4 540	3 150	4 740	3 250	4 940	3 350
	95	4 420	3 100	4 620	3 200	4 820	3 300
	90	4 300	3 050	4 500	3 150	4 700	3 250
良好	85	4 050	2 900	4 250	3 000	4 450	3 100
	80	3 800	2 750	4 000	2 850	4 200	2 950
及格	78	3 680	2 650	3 880	2 750	4 080	2 850
	76	3 560	2 550	3 760	2 650	3 960	2 750
	74	3 440	2 450	3 640	2 550	3 840	2 650
	72	3 320	2 350	3 520	2 450	3 720	2 550

续表

等级	单项得分	高一		高二		高三	
		男生	女生	男生	女生	男生	女生
	70	3 200	2 250	3 400	2 350	3 600	2 450
	68	3 080	2 150	3 280	2 250	3 480	2 350
	66	2 960	2 050	3 160	2 150	3 360	2 250
	64	2 840	1 950	3 040	2 050	3 240	2 150
	62	2 720	1 850	2 920	1 950	3 120	2 050
	60	2 600	1 750	2 800	1 850	3 000	1 950
不及格	50	2 470	1 710	2 660	1 810	2 850	1 910
	40	2 340	1 670	2 520	1 770	2 700	1 870
	30	2 210	1 630	2 380	1 730	2 550	1 830
	20	2 080	1 590	2 240	1 690	2 400	1 790
	10	1 950	1 550	2 100	1 650	2 250	1 750

表 4　50 米跑单项评分表　　单位：秒

等级	单项得分	高一		高二		高三	
		男生	女生	男生	女生	男生	女生
优秀	100	7.1	7.8	7.0	7.7	6.8	7.6
	95	7.2	7.9	7.1	7.8	6.9	7.7
	90	7.3	8.0	7.2	7.9	7.0	7.8
良好	85	7.4	8.3	7.3	8.2	7.1	8.1
	80	7.5	8.6	7.4	8.5	7.2	8.4
及格	78	7.7	8.8	7.6	8.7	7.4	8.6
	76	7.9	9.0	7.8	8.9	7.6	8.8
	74	8.1	9.2	8.0	9.1	7.8	9.0
	72	8.3	9.4	8.2	9.3	8.0	9.2
	70	8.5	9.6	8.4	9.5	8.2	9.4
	68	8.7	9.8	8.6	9.7	8.4	9.6
	66	8.9	10.0	8.8	9.9	8.6	9.8
	64	9.1	10.2	9.0	10.1	8.8	10.0
	62	9.3	10.4	9.2	10.3	9.0	10.2
	60	9.5	10.6	9.4	10.5	9.2	10.4
不及格	50	9.7	10.8	9.6	10.7	9.4	10.6
	40	9.9	11.0	9.8	10.9	9.6	10.8
	30	10.1	11.2	10.0	11.1	9.8	11.0
	20	10.3	11.4	10.2	11.3	10.0	11.2
	10	10.5	11.6	10.4	11.5	10.2	11.4

表 5 坐位体前屈单项评分表 单位：厘米

等级	单项得分	高一		高二		高三	
		男生	女生	男生	女生	男生	女生
优秀	100	23.6	24.2	24.3	24.8	24.6	25.3
	95	21.5	22.5	22.4	23.1	22.8	23.6
	90	19.4	20.8	20.5	21.4	21.0	21.9
良好	85	17.2	19.1	18.3	19.7	19.1	20.2
	80	15.0	17.4	16.1	18.0	17.2	18.5
及格	78	13.6	16.1	14.7	16.7	15.8	17.2
	76	12.2	14.8	13.3	15.4	14.4	15.9
	74	10.8	13.5	11.9	14.1	13.0	14.6
	72	9.4	12.2	10.5	12.8	11.6	13.3
	70	8.0	10.9	9.1	11.5	10.2	12.0
	68	6.6	9.6	7.7	10.2	8.8	10.7
	66	5.2	8.3	6.3	8.9	7.4	9.4
	64	3.8	7.0	4.9	7.6	6.0	8.1
	62	2.4	5.7	3.5	6.3	4.6	6.8
	60	1.0	4.4	2.1	5.0	3.2	5.5
不及格	50	0.0	3.6	1.1	4.2	2.2	4.7
	40	−1.0	2.8	0.1	3.4	1.2	3.9
	30	−2.0	2.0	−0.9	2.6	0.2	3.1
	20	−3.0	1.2	−1.9	1.8	−0.8	2.3
	10	−4.0	0.4	−2.9	1.0	−1.8	1.5

表 6 立定跳远单项评分表 单位：厘米

等级	单项得分	高一		高二		高三	
		男生	女生	男生	女生	男生	女生
优秀	100	260	204	265	205	270	206
	95	255	198	260	199	265	200
	90	250	192	255	193	260	194
良好	85	243	185	248	186	253	187
	80	235	178	240	179	245	180
及格	78	231	175	236	176	241	177
	76	227	172	232	173	237	174
	74	223	169	228	170	233	171

续表

等级	单项得分	高一		高二		高三	
		男生	女生	男生	女生	男生	女生
及格	72	219	166	224	167	229	168
	70	215	163	220	164	225	165
	68	211	160	216	161	221	162
	66	207	157	212	158	217	159
	64	203	154	208	155	213	156
	62	199	151	204	152	209	153
	60	195	148	200	149	205	150
不及格	50	190	143	195	144	200	145
	40	185	138	190	139	195	140
	30	180	133	185	134	190	135
	20	175	128	180	129	185	130
	10	170	123	175	124	180	125

个位对齐

表 7　男生一分钟引体向上、女生一分钟仰卧起坐评分表　　单位：次

等级	单项得分	高一		高二		高三	
		男生	女生	男生	女生	男生	女生
优秀	100	16	53	17	54	18	55
	95	15	51	16	52	17	53
	90	14	49	15	50	16	51
良好	85	13	46	14	47	15	48
	80	12	43	13	44	14	45
及格	78		41		42		43
	76	11	39	12	40	13	41
	74		37		38		39
	72	10	35	11	36	12	37
	70		33		34		35
	68	9	31	10	32	11	33
	66		29		30		31
	64	8	27	9	28	10	29
	62		25		26		27
	60	7	23	8	24	9	25
不及格	50	6	21	7	22	8	23
	40	5	19	6	20	7	21
	30	4	17	5	18	6	19
	20	3	15	4	16	5	17
	10	2	13	3	14	4	15

表 8　耐力跑单项评分表　　单位：分·秒

等级	单项得分	高一		高二		高三	
		男生	女生	男生	女生	男生	女生
优秀	100	3'30"	3'24"	3'25"	3'22"	3'20"	3'20"
	95	3'35"	3'30"	3'30"	3'28"	3'25"	3'26"
	90	3'40"	3'36"	3'35"	3'34"	3'30"	3'32"
良好	85	3'47"	3'43"	3'42"	3'41"	3'37"	3'39"
	80	3'55"	3'50"	3'50"	3'48"	3'45"	3'46"
及格	78	4'00"	3'55"	3'55"	3'53"	3'50"	3'51"
	76	4'05"	4'00"	4'00"	3'58"	3'55"	3'56"
	74	4'10"	4'05"	4'05"	4'03"	4'00"	4'01"
	72	4'15"	4'10"	4'10"	4'08"	4'05"	4'06"
	70	4'20"	4'15"	4'15"	4'13"	4'10"	4'11"
	68	4'25"	4'20"	4'20"	4'18"	4'15"	4'16"
	66	4'30"	4'25"	4'25"	4'23"	4'20"	4'21"
	64	4'35"	4'30"	4'30"	4'28"	4'25"	4'26"
	62	4'40"	4'35"	4'35"	4'33"	4'30"	4'31"
	60	4'45"	4'40"	4'40"	4'38"	4'35"	4'36"
不及格	50	5'05"	4'50"	5'00"	4'48"	4'55"	4'46"
	40	5'25"	5'00"	5'20"	4'58"	5'15"	4'56"
	30	5'45"	5'10"	5'40"	5'08"	5'35"	5'06"
	20	6'05"	5'20"	6'00"	5'18"	5'55"	5'16"
	10	6'25"	5'30"	6'20"	5'28"	6'15"	5'26"

注：男生 1 000 米跑、女生 800 米跑。

三、加分指标评分表

表 9　男生一分钟引体向上、女生一分钟仰卧起坐评分表　　单位：次

加分	高一		高二		高三	
	男生	女生	男生	女生	男生	女生
10	10	13	10	13	10	13
9	9	12	9	12	9	12
8	8	11	8	11	8	11
7	7	10	7	10	7	10
6	6	9	6	9	6	9

续表

加分	高一		高二		高三	
	男生	女生	男生	女生	男生	女生
5	5	8	5	8	5	8
4	4	7	4	7	4	7
3	3	6	3	6	3	6
2	2	4	2	4	2	4
1	1	2	1	2	1	2

注：引体向上、一分钟仰卧起坐均为高优指标，学生成绩超过单项评分 100 分后，以超过的次数所对应的分数进行加分。

表 10　男生 1 000 米跑、女生 800 米跑评分表　　单位：分·秒

加分	高一		高二		高三	
	男生	女生	男生	女生	男生	女生
10	−35"	−50"	−35"	−50"	−35"	−50"
9	−32"	−45"	−32"	−45"	−32"	−45"
8	−29"	−40"	−29"	−40"	−29"	−40"
7	−26"	−35"	−26"	−35"	−26"	−35"
6	−23"	−30"	−23"	−30"	−23"	−30"
5	−20"	−25"	−20"	−25"	−20"	−25"
4	−16"	−20"	−16"	−20"	−16"	−20"
3	−12"	−15"	−12"	−15"	−12"	−15"
2	−8"	−10"	−8"	−10"	−8"	−10"
1	−4"	−5"	−4"	−5"	−4"	−5"

注：1 000 米跑、800 米跑均为低优指标，学生成绩低于单项评分 100 分后，以减少的秒数所对应的分数进行加分。

图书在版编目（CIP）数据

体育与健康/周涛，刘信明，郑春平主编. —北京：中国人民大学出版社，2019.9
中等职业教育规划教材
ISBN 978-7-300-27363-1

Ⅰ.①体… Ⅱ.①周…②刘…③郑… Ⅲ.①体育-中等专业学校-教材②健康教育-中等专业学校-教材 Ⅳ.①G807.3②G717.9

中国版本图书馆 CIP 数据核字（2019）第 185372 号

中等职业教育规划教材
体育与健康
主　编　周　涛　刘信明　郑春平
副主编　陈厚波　陈建伟　迟晓东　陈耀儒
编　委　翟云霞　周　密　胡志欣　李文静　李孟宁　陈贞敏
　　　　华毅斌　郑追月　宋炜龙　范亮亮　吴力浩　李达彬
Tiyu yu Jiankang

出版发行	中国人民大学出版社		
社　址	北京中关村大街 31 号	**邮政编码**	100080
电　话	010－62511242（总编室）		010－62511770（质管部）
	010－82501766（邮购部）		010－62514148（门市部）
	010－62515195（发行公司）		010－62515275（盗版举报）
网　址	http://www.crup.com.cn		
经　销	新华书店		
印　刷	北京昌联印刷有限公司		
规　格	185 mm×260 mm　16 开本	**版　次**	2019 年 9 月第 1 版
印　张	12.5	**印　次**	2019 年 9 月第 1 次印刷
字　数	286 000	**定　价**	32.00 元